そして市場は続く

那覇の小さな街をたずねて

橋本倫史

JN062119

本の雑誌社

そして市場は続く　那覇の小さな街をたずねて

まえがき

那覇を流れる川がある。

そのひとつに、ガーブ川と呼ばれる小さな川がある。かつてガーブ川の下流域は湿地帯となっており、戦前までは田畑が広がるのどかな土地だった。終戦後に闇市が立ち、自然発生的に商店街が生まれ、〝まちぐゎー〟が形成されてゆく。まちぐゎーとはうちなーぐちで「市場」を意味する言葉で、現在でも一帯には迷路のような路地が張り巡らされ、数えきれないほどの商店が軒を連ねている。その中心にあるのが、那覇市第一牧志《まきし》公設市場《こうせついちば》だ。

闇市を整備して開場した第一牧志公設市場は、地元客に愛され、近年は観光地としても賑わう場所になっている。この第一牧志公設市場が、老朽化のため半世紀ぶりに建て替えられることになった。工事が始まれば、街並みは大きく変わってしまうだろう。その前に現在の姿を少しでも記録に残しておこうと、那覇に通ってまちぐゎーの店主たちに話を聞き、２０１９年５月に『市場界隈 那覇市第一牧志公設市場界隈の人々』を出版した。

その翌月、2019年6月16日に、第一牧志公設市場は一時閉場を迎えた。市場には大勢の買い物客が詰めかけ、思い出の詰まった市場との別れを惜しんでいた。一時閉場後には盛大なセレモニーが開催され、エイサーも披露され、最後はカチャーシーで締めくくられた。

セレモニーが盛大だったぶん、夜が明けてみると、通りはどこか閑散としているように感じられた。市場は建て替え工事に入っただけで、店主たちは慌ただしく仮設市場への引越し作業に取り掛かっていたけれど、市場が一時閉場を迎えたことで人の流れが変わり始めていた。2週間の引っ越し期間を経て、仮設市場は予定通り7月1日にオープンしたものの、前の建物に比べるとどこかお客さんが少ないように感じられた。

新しい市場が完成するのは、当初の予定だと2022年の春と発表されていた。この様子だと、建て替え工事がおこなわれる3年間のあいだに、市場界隈の風景は大きく変わってしまうのではないか。『市場界隈』を出版したからには、建て替え工事中の移り変わりを見届けなければという思いに駆られ、2019年秋から琉球新報で「まちぐゎーひと巡り」と題した連載を始めることになった。2022年春からは、自分で『まちぐゎーのひとびと』というフリーペーパーを発行しながら、那覇に通い、取材を重ねてきた。本書はそのふたつの連載をまとめたものになる。本文に登場する、店主たちの年齢表記は連載当時のものだ。

まちぐゎーの「ぐゎー」とは「小さい」を意味するうちなーぐちだ。名前の通り、こぢんまりした商店が軒を連ねていて、1時間足らずで巡ることができる。那覇市の面積の1パーセントにも満たない狭いエリアである。その狭いエリアが、〝県民の台所〟と呼ばれてきた。

この一帯に生まれた闇市は、沖縄の戦後復興を支えた場所である。物資のない時代には、県内各地からまちぐゎーに買い物客が押し寄せ、まっすぐ歩けないほどの賑わいだったのだと、往時を知る店主が聞かせてくれたこともある。また、戦後間もない頃にここで商売を始めたのは那覇出身者だけではなく、県内各地から集まってきた人たちだ。そんな店主たちの半生を聞かせてもらっていると、まちぐゎーという小さな窓を通じて、戦後の沖縄に流れてきた時間と、市場の今が見えてくる。

古来より沖縄は中継貿易で栄え、さまざまな文化が取り込まれ、〝チャンプルー〟がおこなわれてきた。戦後の米軍統治下の時代には、アメリカの文化が取り入れられてもきた。そうしたチャンプルーは歴史上の出来事ではなく、今もなお生じている。近年まちぐゎーに新しくお店を構えた店主の中には、県外出身の方もいれば海外出身の方もいて、新しい風が吹き込んでいる。街はたえず姿を変えてゆく。目の前にある風景が懐かしい思い出に変わる前に――あるいは忘れ去られてしまう前に――今の姿をドキュメントに書き綴ろうと取材を重ねてきた。

建て替え工事期間の取材は、コロナ禍の都市を取材することでもあった。

かつては多くの人で賑わっていたはずの場所も、コロナ禍によって「密」が敬遠され、いちど人通りが途絶えた。那覇のまちぐゎーに限らず、日本各地の都市で同じような風景が見られたのだと思う。緊急事態宣言が発出されているあいだ、シャッターが下りたままになっている店舗をあちこちで見かけた。

一見すると、その光景はシャッター街に見える。そこはもう役割を終えた場所で、寂れてしまった場所のように見えてしまう。でも、定点観測を続けていると、シャッターが下ろされた風景の向こう側にある息吹が感じられる。シャッターを下ろしているお店の中には、コロナ禍で臨時休業をしているだけのお店もあり、シャッターの向こう側で店主が営業を再開する日に向けて作業を進めている。残念ながら閉店してしまったお店の跡地でも、新たにオープンするお店の内装工事が進められているのを何度となく見かけた。ガーブ川が、暗渠《あんきょ》になった現在も地下で流れ続けているように、市場の日々もまた脈々と続いてゆく。

川を流れる水は海に出て、どこか遠くの土地にたどり着く。それと同じように、那覇のちいさな街の話が、海の向こうに届くことを想像する。ここに綴られているのは、あなたが暮らすまちと地続きの「物語」だ。

目次

2021年度 119

2022年度 189

デザイン　戸塚泰雄
カバー・本文写真　橋本倫史
図版作製　鈴木浩平

2019年度

2019.04～2020.03

2019年	
5月20日	文化庁は沖縄の『琉球料理』『泡盛』そして芸能を、地域の有形・無形文化財をテーマでまとめて魅力を発信する「日本遺産」に認定
6月16日	旧・第一牧志公設市場での最終営業日、営業終了後にはセレモニーがおこなわれる
7月1日	仮設市場オープン
10月1日	ゆいレール延伸
10月31日	首里城火災
11月	市場解体工事始まる

2020年	
1月	アーケード撤去始まる
1月20日	国内初の新型コロナウイルス感染症の感染者が判明
1月23日	県文化観光スポーツ部は2019年の県内入域観光客数が前年比３・２％（31万6200人）増の1016万3900人だったと発表
2月1日	ダイヤモンド・プリンセス号が那覇港に入港し、9時間半停泊する。2月3日横浜に到着したのち、集団感染が発生。
2月14日	沖縄県で初の感染者が判明
3月26日	那覇空港第二滑走路供用開始

鮮魚を肴にちょっと一杯

節子鮮魚店・金城誠さん

〝県民の台所〟と呼ばれる第一牧志公設市場は、建て替え工事に向けて、２０１９年7月１日から仮設市場で営業中だ。この仮設市場の目の前に、１軒の鮮魚店がある。金城節子さんが創業した「節子鮮魚店」だ。

鮮魚店を始めたのは、なかば必然だった。

金城節子さんは昭和12年、那覇市垣花に生まれた。垣花は〝那覇軍港〟として米軍基地が置かれているが、戦前には水産試験場や製氷工場が建ち並ぶ漁業が盛んな町でもあり、節子さんの家族も漁業をなりわいとしていた。４名きょうだいの次女にあたる節子さんは、小学校高学年のうちから働きに出て、やがて牧志公設市場の鮮魚店に勤めだす。「モーシー」の通り名で知られる親方は厳しく、怒ると包丁が飛ぶこともあった。そんな親方に気に入られ、二十歳そこそこで店を継ぎ、「節子鮮魚店」をオープンする。

慌ただしい日々の中で、節子さんは近くのかまぼこ店「ジランバ屋」で働く清三さんと出会う。清三さんの出身地は、沖縄本島北部にある本部町《もとぶちょう》崎本部。修学旅行で那覇を訪れたとき、那覇で暮らしていく決心をした清三さんは、宿から抜け出し、「ジランバ屋」で働くようになった。ふたりはほどなくして結婚し、1963年に長男の誠さんが生まれた。

「僕が小さい頃は、公設市場はまだ古い建物でしたね」。節子さんの長男で、2代目店主の誠さん（56歳）はそう振り返る。「和気藹々として、こどもたちは皆で遊んでました。卵屋さんを通りかかると、口を開けなさいと言われて、うずらの卵を割って塩をポンと入れてくれたり。『マー坊、うたを歌いなさい』と言われて、何か歌うと1セントもらえたり。隣近所とは家族同然の付き合いで、仕事が忙しいと『私がおっぱいあげておくさ』って、隣の子におっぱいあげたりしてたみたいです」

節子さんのお店は夜遅くまで客が途切れなかった。幼い日の誠さんは、早く帰りたくなって「今日はもう終わり！」と客を追い返そうとしたこともある。父を早くに亡くし、母ひとり子ひとりで育ったこともあり、誠さんは反抗期らしい反抗期を迎えることもなかった。

誠さんが生まれた頃、牧志公設市場は揺れていた。

牧志公設市場は、戦後間もない頃に誕生した闇市を起源に持つ。この闇市を整備して1950年に牧志公設市場がオープンしたのだが、これは私有地の上に建てられたものだった。また、市場はセメント瓦葺きだったこともあり、次第に「より近代的で衛生的な市場を」という声が高まってゆく。こうして最初の建て替え問題が浮上した。

　工事が必要になったのは牧志公設市場だけではなかった。市場の隣にガーブ川が流れており、川沿いには露天商が並んでいたが、川は頻繁に氾濫を繰り返し、改修工事の必要性が長らく叫ばれていた。改修工事に手をつけるには、露天商の移転先を確保する必要がある。ガーブ川に板を渡して営業していた「水上店舗」は、現在の仮設市場がある場所に。ガーブ川のほとり、現在のパラソル通り一帯で商いをしていた「花屋通り会」は、新栄通り（現在のサンライズなは商店街）の道路の真ん中を間借りする形で、移転することになった。

　改修工事を経て、ガーブ川が暗渠となり、その上に近代的なビルが完成する。このビルも水上店舗と名づけられ、川に板を渡して商売をしていた人たちはここに入居することになった。ただ、花屋通り会は移転先が見つからなかった。いつまでも仮設店舗で営業させるわけにもいかず、那覇市当局は入り組んだパズルを一挙に解決させようと、牧志公設市場を改築し、1階に花屋通り会を、地下に市場事業者を入居させるプランを打ち立てた。

　市場事業者はこれに猛反発した。市の言い分は「本土のデパートを見ても、食料品は地下で売られている」だったが、既得権を無視していると市場事業者は反論した。また、市場の地主から土地の返還を求められていたこともあり、新しい市場をどこに建設するかも悩ましい問題

だった。１００メートルほど西、現在仮設市場がある場所に移転するプランも立てられたが、場所が変わると客が離れるのではないかと不安視する市場事業者は多かった。

解決の糸口が見いだせない状況の中で、当時の那覇市長・西銘順治は１９６６年、地主のひとりと覚書を交わす。その内容は、市場は別の場所に移転させ、現在の敷地の借地権は放棄する、というものだった。議会の承認や市場事業者への説明もないまま、独断的に移転を進めようとする市長の姿勢に、保守と革新という政治的な対立も混じり、市場事業者は移転賛成派と反対派に分断されてしまった。移転に反対する市場事業者は、市議会に乱入するなど強い抵抗を見せたが、１９６７年に新しい市場の建設工事が着工された。

その翌年、西銘順治は行政主席選挙への出馬を表明し、市長を退く。その後におこなわれた那覇市長選では、移転反対を公約に掲げた沖縄大衆党の候補・平良吉松が当選し、移転問題はいよいよ混迷を極めた。選択を迫られた「節子鮮魚店」を含む一部事業者は移転を承諾。こうして１９６９年11月８日、第二牧志公設市場がオープンした。

「オープンしたときは市場に万国旗が掲げられて、スピーカーから音楽が流れて、すごく賑やかでしたよ」と誠さんは振り返る。第二牧志公設市場が完成したあとも、移転に反対し元の場所で営業を続ける事業者もあったが、１９６９年10月19日、不審火により元の公設市場は大半が焼失してしまう。以前からボヤ騒ぎが相次ぎ、交代で不寝番をして警戒に当たっていたが、運動会が開催される日の昼間に火災が発生した。紆余曲折を経て、元の公設市場も建て替え工事が施され、１９７２年10月３日、第一牧志公設市場としてリニューアルオープンを果たす。こうしてふたつの市場が並存することになったが、買い物客は馴染みのある第一牧志公設市場に流れ、第二牧志公設市場は空き小間が増えてゆく。その運営維持は那覇市にとって負担となり、２００１年春、第二牧志公設市場は32年の歴史に幕を下ろした。建物の老朽化も閉場の理由とされたが、第一牧志公設市場が47年経ってようやく建て替え工事を迎えたのに比べると、短命に終わったと言える。

第二牧志公設市場が閉場したあと、「節子鮮魚店」はいちど、第一牧志公設市場に入居している。ただ、隣にある空き小間も含めて広々営業できていたのに比べると、ぎっしり小間が埋まっている第一牧志公設市場は手狭に感じられ、現在の場所に移転した。

「ここに移った頃はまだ卸が中心でしたけど、泊《とまり》いゆまち（那覇・泊漁港に隣接する魚市場。「いゆ」は魚を、「まち」は市場を意味する。２００５年オープン）ができてから、料理屋さんはそっちで仕入れをするようになって。どうしようかと思っていたときに、同級生がうちの店に集まって飲む機会があって、牡蠣を出したらすごく喜んでくれたんですよね。それで『立ち食い牡蠣』と看板を出してみると、お客さんが集まるようになって、中でワインでも飲みながら食べたいねと言われてお酒も仕入れるようになったんです。そこからお客さんに言われるままに、

七輪で魚を焼けるようにしたり、天ぷらを出すようにしたりして、こんな店になりました」

節子さんは2006年に亡くなった。晩年は認知症を患っていたが、最期まで包丁さばきは衰えなかった。誠さんが切り盛りするようになって、母が扱わなかったイラブチャーも出すようになった。観光客が増えて、「南国らしい青い魚を食べてみたい」とリクエストする客が増えたのだ。誠さんも母の影響でイラブチャーを食わず嫌いしていたけれど、食べてみると案外うまく、今では刺身の盛り合わせに入れることもある。

軒先の発泡スチロールに氷が満たされ、缶ビールや缶チューハイが冷やされている。飲み物は自分で取り、会計時に空き缶を数えて計算する。一番人気はさしみセットで、好きなお酒に刺身の盛り合わせ、それに生牡蠣がついて1300円だ(物価高騰の影響で、現在は1500円)。

「第二牧志公設市場の跡地は〝にぎわい広場〟になって、ガジュマルの樹や児童館もあって、すごくゆったりした場所だったんです。お母さんたちがうちの店に集まって、広場でこどもを遊ばせながらビールを飲んでいた。うちから広場が見渡せるから、こどもの姿が見えて安心だし、こどもたちもちょっと寂しくなったら店に入ってきて、刺身をツマんでまた遊びに行く。ゆるやかな時間が流れてたんですよ」

だが、半世紀ぶりとなる第一牧志公設市場の建て替えが決まり、目の前にプレハブの仮設市場がやってきたことで、風景は一変した。

「仮設市場がオープンして、よく『お客さんが増えたでしょう』と聞かれるんですけど、売り上げは変わらないんですよ」と誠さんは笑う。「反対に、仮設市場の工事中は騒音がうるさくてお客さんが減ると思っていたら、そこも変わらなかった。ただ、前のゆったりした風景が好きだったから、また元通りになるといいんですけどね」

第一牧志公設市場は、2022年の春にリニューアルオープンを予定しており、仮設市場は3年間限定の建物だ。ただ、新しい市場が完成したあとに仮設市場がどうなるのか、現時点ではまだ何も決まっていない。


（2019年9月28日掲載）

洋裁が支えた沖縄の復興

江島商店・江島とも子さん

観光客で賑わう市場本通りを歩いてゆくと、通りの名前が市場中央通りに切り替わる。このあたりにはアロハやムームーを扱う店が軒を連ねており、目に鮮やかな風景が広がっている。

ここで「江島商店」を営む江島とも子さんは、昭和9年に久米島で生まれた。中学を卒業すると、とも子さんは那覇に出る。平和通りにあったレストラン「アサヒ」で数年間ウェイトレスとして働いたのち、いとこのお姉さんから「仕事を手伝わないか」と誘われ、洋裁の仕事を始めた。

「あの当時はね、洋裁で作ったものがよく売れてましたよ。まだ物がない時代だから、晴れ着というより普段着。沖縄柄の生地を仕入れてきて、それを裁断して、縫子さんにブラウスを作らせる。近くに新天地市場という衣料品の布市場があって、出来上がった洋服を持って新天地市場に行くと、午前中には皆売れてました。それでまた布を仕入れて、裁断して、縫子に持たせて。今振り返ると夢みたいに思うほど、とにかく忙しかったですね」

お買得品
上下
¥1.500
¥2000
上下
¥1500
¥800
ちゅらさん
売れてます

とも子さんは22歳で結婚し、長女を出産したあとも洋裁の仕事を続けた。そんなとも子さんの働きぶりを見て、近所に暮らす金城さんという女性が相談を持ちかけてきた。

「金城さんは当時、ガーブ川の上でお店をされてたんですよ。お店と言っても、今みたいにちゃんとした建物じゃなくて、川の上に板を渡して日用品を売っていたんです。あるとき、隣の場所が空くことになって、そこで洋服を売るために『うちの手伝いをしなさい』と私が採用されたんですね」

氾濫を繰り返し、水害の原因となっていたガーブ川は、改修工事を施し暗渠となった。そうして1964年、川の上に水上店舗が完成する。その数年後、とも子さんは金城さんから店を譲り受け、「江島商店」をオープンした。

この時期には、沖縄の衣料事情に関する大きな変化が生まれつつあった。ムームーの流行である。1967年8月2日の琉球新報朝刊には、「愛用者増えるムームー」と題した記事が掲載されている。


衣生活が洋風化したため、土地の気候にあわない衣服を着るようになりましたが、暑い夏を、きちっとした服装ですごすのはどうもらくではありません。大正末期には「アッパッパ」が流行しました。ソデやスソが短く、はだの露出度が多く、からだにゆるやかにそう衣服です。いま静かな人気を集めているムームーもその条件にぴったりした衣服です。

祖国復帰に向けた機運が高まり、沖縄らしさとは何かが見つめ直されていた時期に、伝統的な芭蕉布ではなく、ムームーが注目を集めたというのが印象深い。琉球新報によれば、ムームーが「爆発的な売れ行き」を見せたのは、沖縄が返還された1972年。当初は地元客に売れていたムームーだが、1975年に海洋博が開催される頃になると、観光客も買っていくようになったという。

「江島商店」で扱う商品に変化が生まれた時期がもうひとつある。2001年にNHK連続テレビ小説『ちゅらさん』が放送されると、観光客が紅型《びんがた》柄の商品を買い求めるようになったのだ。特に人気だったのは、主人公を演じる国仲涼子が身につけていた紅型柄のエプロンで、現在でも買っていくお客さんが少なくないそうだ。

「もう85歳になってるから、遊んで暮らしてもいいんだけど、ボケ防止に店を続けてるんですよ」。とも子さんは笑いながらそう話してくれた。「毎日の楽しみは、やっぱり売れること。商売人はね、『今日はどうしたら売れるかね』と考えるから、それが頭の体操になるんです」

市場中央通りはかつて、大勢の買い物客で賑わっていた。だが、通り沿いにある第一牧志公設市場が一時閉場を迎えると、人通りが激減してしまう。

「閉場してからずっと、市場はシャッターが下りたままになってるから、通りが暗いのよね。そうすると、歩いてきたお客さんも『ああ、こっちはもう廃れてるんだ』と思うから、どんどんお客さんが減っちゃって。夏はもっと売り上げがあるはずなのに、冬の売れ行きぐらいまで落ち込んだんです」

沖縄は南国ではあるけれど、洋服屋さんの売上にも季節が影響するのだなと、とも子さんの言葉に思う。それは何十年と商売を続ける中で培われた感覚なのだろう。

逆境を切り抜けるべく、市場中央通りの店主たちは行動に出た。通りに活気を取り戻そうと、那覇市に掛け合って公設市場の軒先を借りる契約を結び、8月16日からシャッターの前に商品を並べるようになった。通りの両側に商品が並んだことで、次第に賑わいが戻り、不法投棄や立小便といった問題も改善されたという。

だが、商品の陳列は11月6日で打ち切られることになった。先延ばしにされてきた解体工事が、11月14日から着手されることになったのだ。

「今一番気がかりなのは、アーケードの問題ですね」と、とも子さん。「この場所は西日が射し込んでくるので、商品が日に焼けるんですよ。それで、通り会の皆でお金を出し合ってアーケードを作ろうという話になったんです。１９９０年にアーケードが完成すると、雨降りの日は国際通りからどんどんお客さんが流れてくるようになって。ガーブ川の上で商売してた頃も、雨で川が氾濫すると、水に濡れた商品を割引して売るということで、すごく賑わったんです。その時代も、アーケードができてからも、雨が降ると売り上げが上がってましたね」

市場の解体工事にともない、那覇市は通り会にアーケードの撤去を求めている。アーケードの再整備を目指し、市場中央通り第1アーケード協議会が結成され、那覇市とのあいだで折衝が重ねられている。

（2019年11月22日掲載）

「江島商店」は、取材後に閉店されました。

通り
県花 でいご
公設市場
入口 →
7月1日(月)
移転
オープン!
入口 →
市場
1500円

老舗の歴史は露天商から

三芳商店・宮城洋子さん

解体工事が始まった公設市場の向かいに、沖縄ならではの看板を見かけた。田芋・島バナナ専門店と掲げる「三芳商店」だ。

「この場所に店を構えて、もう40数年になります」。2代目として店を切り盛りする宮城洋子さんは語る。「三芳商店」を創業したのは、洋子さんの義父母にあたる宮城芳信さん・トヨさんご夫婦だ。トヨさんは田芋の産地として知られる宜野湾市大山の出身で、戦後間もない頃から公設市場の近くに露店を出し、田芋を販売していた。

「義母の時代は、大山の農家さんを10軒近く抱えて、1軒ぶんの田芋を1日で売るほど需要があったそうです。それで5人のこどもを育て上げて、大学まで出してるんです。このあたりにはいろんな露店があって、『あの頃は何でも商売になったよ』と皆さんおっしゃってましたね」

牧志公設市場は1950年、闇市を整理してつくられたものだ。公設市場に入りきれなかった店主たちは、界隈で露天売りを続けていた。芳信さんとトヨさんは「いつかは自分の店を構えたい」という思いが強く、公設市場の向かいにある2階建ての物件に目をつけた。相当な売り上げがあったとはいえ、物件を買いたいと言っても露天商だからと相手にされず、多額の借金を抱えてなんとか購入することができた。苦労して手に入れたぶん思い入れは強く、トヨさんはずっと店舗の2階で暮らしていたそうだ。

物件の購入を機に、店頭に「三芳商店」と看板を掲げた。店名の由来は、トヨさんの末っ子・芳三さん。両親は芳三さんをとても可愛がり、名前をひっくり返して「三芳商店」と名づけた。ただ、末っ子の芳三はお店を継ぐのではなく、福祉施設で働いていた。そこで同僚となったひとりが洋子さんだった。

洋子さんもまた、幼い頃から青果には馴染みがあった。洋子さんが生まれ育ったのは、パインとミカンの産地として名高い本部町伊豆味である。実家は農家で、母は農作物の行商をしていた。

「行商と言っても、トラックに農作物を積み込んで、那覇の農連市場まで売りにきてたんです。自分で作ったぶんだけじゃなくて、集落の人たちが育てた野菜を現金に換えてあげようと、皆のぶんをまとめて売りにきてました。だだっ広い市場に4トントラックで入っていって、積み込んである農作物を一晩で売って、荷台を空にして帰る。お金が飛び交っていて、もう圧巻でしたよ。母は姉御肌な性格で、すごいバイタリティの人でしたね」

○ 住宅改修
○ 介護用具のレンタル
他・・・
宮城 芳三
お気軽にご相談ください

そんな母の背中を見て育ったこともあり、商売には馴染みがあった。結婚後は保育士として働いていた洋子さんだったが、長男を出産した頃から「三芳商店」を手伝い始める。

「この通りもね、昔はすごく活気があったんです」と洋子さん。「とにかく人通りも多くて、経済の中心っていう感じがありましたよ。向かいには公設市場の外小間があって、基本的には野菜や果物を売る店が入ってましたね。うちと同じように田芋を扱うお店もあれば、ごぼう屋さんだけでも3、4軒並んで、パッと食べるにはもったいないような良い品物を並べてたんです。このあたりは〝下町《シチャマチ》〟と呼ばれてたんですけど、今でも年配の方は『下町に行けばいい品物が手に入る』とおっしゃいますね」

田芋は旧盆や旧正月の重箱に欠かせない存在だ。親芋の周りに子芋がたくさん実る様から、田芋は豊穣さを象徴する食材とされ、「子孫繁栄」の願いを込めて祝い事にも重宝される。ただ、昔に比べると需要が減ったこともあり、今では田芋と島バナナだけでなく、季節の果物も並べるようになった。かつては活気に溢れていた通りも、この10年で様変わりした。

「リーマンショックがあった頃から、市場の外小間のお店が1軒、また1軒とやめていって、人通りも少なくなりました。この通りにとって一番ショックだったのは、うちの隣に乾物屋さんがあったんです。ここが一番の老舗だったんですけど、そこが撤退してしまって、大黒柱を失ったような感じになりましたね」

今年6月に第一牧志公設市場が一時閉場すると、「人通りは半分どころか4分の1まで減りました」と洋子さんは振り返る。「それまではアルバイトを雇っていたんですけど、この人通りでは雇い続けるのは難しくて、9月からは私がひとりでやっています。どうしてもお客さんが仮設市場のほうに流れていくので、新しい市場ができるまで、じっと待つしかないのかなと思ってます」

11月14日に市場の解体工事が始まると、通りに囲いが設けられ、店の前の道幅は狭くなった。もうすぐアーケードの撤去工事も始まるが、悪いことばかりでもないと洋子さんは語る。

「この通りには新しいお店も増えていて、通り会に参加されないお店も多かったんですよ。でも、アーケードの問題が出てきたので、どうやったらアーケードを再建できるのか、通りを活性化できるかと、今は皆で団結してるんです。これから工事が進んだとき、騒音に耐えられるかどうかもわからないし、新しい市場ができるまで未知数な部分は多いですけど、『ああ、ここはお店を続けてるんだね』と立ち寄ってくれるお客さんもいるんです。義父母が長年続けてきた老舗を簡単に閉めるわけにはいかないので、なんとか続けて行きたいと思っています」

様々な不安を抱えながら、今年も田芋の季節を迎える。

（2019年12月27日掲載）

「三芳商店」は現在、オンライン通販のお店として営業中です。

田芋
島バナナ専門店
店 862-8009
自 866-1665
三芳商店
みよし
三芳商店
PayPay

新たな名物を生み出す酒場

末廣ブルース・松川英樹さん 上原良太さん

まちぐゎーに新しい灯りがともった。

公設市場から仮設市場に向かって歩くと、緑のネオンが視界に飛び込んでくる。12月21日にオープンしたばかりの居酒屋「末廣ブルース」だ。外装と内装を手がけたのは、共同経営者のひとり、松川英樹さん（45歳）である。

松川さんは1974年、宮古島生まれ。那覇や東京の居酒屋で働いたのち、2012年に独立し、「アラコヤ」をオープンする。出店先に選んだのは那覇の栄町市場だった。

栄町市場は、戦前は「ひめゆり学園」があった場所にある。正式には沖縄師範学校女子部と沖縄県立第一高等女学校というふたつの学校で、学校広報誌の名前から「ひめゆり」が愛称となり、生徒たちは「ひめゆり学徒隊」として沖縄戦に動員された。学校があった場所は焼け野原となり、終戦後に市場が立ち、繁華街となった。

物件を探し始めたばかりの頃、松川さんが内見に出かけたのは泉崎や久茂地だった。県庁や市役所からも近く、金融機関や放送局も集中するオフィス街で、一帯には飲食店も密集しているが、ピンとくる物件には出合えなかった。そんなある日、弟から栄町にある物件を紹介された。内見に出かけてみると、すぐに図面が浮かび、そこで「アラコヤ」を始めることに決めた。

「栄町は歓楽街として栄えてた場所なんですけど、当時はちょっと寂れてて、皆に大反対されたんです。ただ、老舗の飲み屋は何軒かありましたし、『二万八千石』や『ルフュージュ』という新たな名店もあって、新旧織り交ぜた感じが面白いなと思ったんですよね。赤線の名残りも感じられて、色気のある街だから、まだまだ可能性があるなと思って、栄町で店を始めました」

「アラコヤ」に続けて、松川さんは「トミヤランドリー」や「べべべ」（現在は閉店）といったお店を手掛けてきた。街が少しずつ賑わいを取り戻すなかで、「栄町をもっとイケてる場所にしたい」という思いを胸に、栄町にこだわって商いを続けてきた。

そんな松川さんが公設市場の近くで店をオープンするきっかけを作ったのは、もうひとりの共同経営者である上原良太さん（33歳）だ。

上原さんは2017年から、栄町で「八六」という居酒屋を営んでいる。2019年の夏、上原さんのもとに、不動産業を営む兄から連絡が舞い込んだ。牧志公設市場の近くで1951年からお店を営んできた「末廣製菓」が移転することになり、元の物件が貸しに出ているというのだ。

牧志
すえひろ
末廣
末廣

その物件に惹かれるところはあったものの、自分のお店をオープンして3年と経っておらず、ひとりで新店舗を立ち上げる余裕はなかった。でも、この物件を県外の業者に押さえられるのは惜しかった。そこで、同じ栄町で居酒屋を営む松川さんに共同経営の話を持ちかけたのだ。

上原さんから電話を受けて、松川さんは物件を見に行くことに決めたものの、内心乗り気ではなかったという。

松川さんが栄町で「アラコヤ」を始めた翌々年、牧志公設市場の近くに大衆酒場「足立屋」がオープンする。この店をきっかけに〝せんべろ文化〟が花開き、界隈に酒場が急速に増えている。栄町と牧志公設市場は歩いて15分ほどだが、松川さんはこれまで牧志公設市場近辺に出店することは考えてこなかった。

「公設市場の近くは安く飲める店が多くて、そこにお客さんが殺到してますよね。栄町にも飲み屋は多いですけど、そこまでワイワイガヤガヤしているわけではなくて、食の変態さんが、こぢんまり店をやっている街なんです。中華、エスニック、フレンチ、イタリアン、和食。すべてのスペシャリストがマイペースに店をやっているところでずっと商売をしてきたので、公設市場のあたりで自分が店をやるってことはまったく考えてなかったですね」

ところが、「末廣製菓」の物件を見た瞬間に考えが変わった。こんな物件に出合えるのは一生に一度だと思ったと、松川さんは当時の心境を振り返る。

「商売をやっていると、自然と建築に興味を持つようになるんですけど、この建物の味は再現しようと思っても不可能だと思うんですよね。だから、この外観を残して改装することに決めて、店名にも『末廣』という名前を使わせてもらうことにしたんです。半年かけて改装工事をしたんですけど、そのあいだに公設市場の歴史を学んだり、こないだ火事で焼けてしまった首里城のことを考えたりしていると、そこらへんの気持ちを背負ってやっていかないとって気持ちになってきました」

「末廣ブルース」の向かいには、「飯ト寿 小やじ」という酒場もオープンしたばかりだ。「小やじ」のオーナーとは20年来の仲だということもあり、あえて同じ日付にオープンし、正月には餅つき大会も共催した。

「やっぱり、店づくりは街づくりだと思うんです」と松川さんは語る。「栄町で商売を始めたときにも思ったことなんですけど、僕らは新参者なんですよね。僕らよりずっと前から、何十年と商売されてきた方がいる。それは忘れないようにしないと駄目だと思ってますね。3年後に新しい市場が完成したら、古き良き時代を引き継ぎつつ、那覇市の中心となって発展していくと思うんですけど、そこに僕らも何か貢献できたらな、と。自分たちのスタイルを変えるわけではないですけど、僕らは僕らで一生懸命頑張って、お客さんに楽しんでいただきたいというのが一番ですね」

「末廣ブルース」の看板料理はおでんとホルモン、それに沖縄の食材を使った料理だ。メニューを手に取ると、「名物にしたい　豚ハツと生牡蠣の青唐タルタル」という文字が飛び込んでくる。この「名物にしたい」という言葉に、意気込みを感じる。

まちぐゎーには老舗が数多く残っている。それらのお店は、戦後間もない混沌とした状況の中から、何か目を引く商品をと工夫を重ねて商売を続けてこられたお店だ。それと同じように、若い世代が今、新しいスタンダードを生み出そうとしている。その息吹を、緑色に輝くネオンに感じる。

（2020年1月24日掲載）

友利酒

末廣
末廣

カステラ御殿は市場と共に

末廣製菓・下地玄句さん

沖縄には今も旧暦が息づいている。

旧暦の大晦日を迎えた1月24日。仮設市場の東向かいにある「末廣製菓」には、つきたての鏡餅が並んでいた。沖縄には独自の信仰文化があり、旧正月には沖縄ならではの「御願《ウグワン》」(祈りを捧げる行事)があるけれど、内地の文化を取り入れて旧正月に鏡餅を飾る家庭もある。ただ、鏡餅がよく売れるのは、やはり新暦のお正月だ。

「うちが一番忙しくなるのはね、昔は新正月だったのよ」。「末廣製菓」の2代目・下地玄句さん(66歳)はそう振り返る。「復帰するまではパックの鏡餅がなかったから、すごく売れてたよ。私が高校生だった時分には、同級生を10名余りアルバイトに呼んで、交代で2時間だけ仮眠しながら餅をついていたね。ただ、今はもう、旧正月に鏡餅を作る店はほとんど残ってないと思うよ」

古い写真を見せてもらうと、旧正月向けの鏡餅と一緒に、家族と従業員が並んでいる姿が残されていた。「末廣製菓」を創業したのは、玄旬さんの父・下地玄幸さん。15歳の頃に郷里の宮古島を離れ、波の上にあった老舗菓子店「大黒屋」で修業した玄幸さんは、弟の玄栄さんと一緒にお菓子を売る露店を始めた。それが1951年のことだ。場所は平和通り、現在「平良カーテン」のあるあたりだ。

「あの頃はまだ物資が少ない時代だったけど、卵と砂糖とメリケン粉を仕入れていて、人形焼きみたいなお菓子を拵《こしら》えて、それを道端で売っていた。そうやって露店で稼いだお金で木造の工場を建てて、そこに家族や従業員が住んでたわけ。父親が宮古出身だから、従業員も宮古の方が多かったね。うちで働いてなくても、宮古出身の人が父親を頼って那覇に出てきて、仕事が見つかるまでうちに住んでる人もいたみたいだね」

創業したばかりの時代には、鏡餅の他にもうひとつ、飛ぶように売れる商品があった。それはヂーカステラだ。

「ヂーカステラというのは、長崎カステラとは別物で、蜂蜜や水飴は入らないわけ。ただ卵と砂糖とメリケン粉を混ぜて、型に流して焼いて、お祝い事があればピンクの色を擦り込んで作ってたのよ。私が中学生の頃に、長崎カステラの職人さんを雇って、これを売り出したわけ。この長崎カステラがすごく売れて、それで今の建物を作ったから、ここはカステラ御殿じゃな

いかと思うけどね」

沖縄の結婚披露宴は盛大に開催されることもあり、引き出物として長崎カステラの注文が大量に舞い込んだ。まだ中学生の頃から、玄句さんはよくカステラの配達を手伝っていた。父から「あなたが店を継ぎなさい」と言われて育った玄句さんは、手が器用だったのでその言葉に従ってお店を継ぐことに決めた。

「本格的に手伝うようになったのは、高校を卒業したあとですね。、夜間の大学に通いながら仕事してましたよ。大学卒業と同時に内地に行って、兵庫県尼崎市の『エーデルワイス』で5年半修業しながら製菓学校にも通いました。親父の頃は和菓子が中心だったけど、その時代からクリスマスケーキは作ってたんです。味はそれなりだったと思うけど、あの頃洋菓子店というのはほとんどなかったから、それでも行列ができたらしいね。ただ、これからの時代は本格的な洋菓子じゃないと商売にならないだろうと、私が洋菓子を習いに行ったんです」

店を継ぐにあたり、玄句さんは弟の玄洋さんに「一緒に店をやらないか」と声をかけた。弟は別の仕事をしていたけれど、兄の誘いを受けて東京の製菓学校に通い、和菓子職人となった。兄弟が和と洋のお菓子をそれぞれ作りながら、お店を切り盛りしてきた。

創業以来、「末廣製菓」は何度か移転を重ねている。最初に工場を建てたのは、現在仮設市場がある場所だ。

「このあたりは何もない野原で、僕らはそこで野球をやったり、沖縄相撲を取ったりしてたんですよ。そこにまず工場を建てたんだよね。しばらくしたら『角の店が売りに出てる』という話を耳にして、親父がいとこから借金をして買い取って店舗にした。それが今、『末廣ブルース』になってるところなわけ。ところが、今から半世紀近く前、牧志公設市場を建て替えることになって、仮設の市場を作るために工場は立ち退きを命じられたのよ。それで今のこの場所に移ることになって、立派な工場を構えたわけ」

「末廣製菓」のあゆみは、牧志公設市場の歴史とも重なり合っている。市場が建て替え工事に入り、仮設市場がオープンしたのを機に、かつての店舗を『末廣ブルース』に貸しだすことにした。そのかわり、ガレージのようになっていた工場の1階を整理し、店舗兼喫茶スペースとしてリニューアルした。

「前の店舗と違って、今は全面ガラス張りだから、中がよく見えるでしょう。スペースも前より広くなってるから、外国人観光客の人もたくさん入ってくるようになりましたよ。前の店舗があった通りは、昔は『肉市場通り』と呼ばれていて、相当活気があったんです。でも、今はスーパーがあるからね。だから、行事のときに買いにきてくれる地元のお客さんのことも大事にしながら、観光客の方にも喜んでもらえるお店になっていけたらいいなと思ってますね」

「末廣製菓」では、観光客に喜んでもらおうと、ぜんざいの提供も始めている。沖縄のぜんざいは、内地のぜんざいとは異なり、甘く炊いた金時豆の上にかき氷がのったものを指す。旧暦・大晦日の午後、「末廣製菓」を通りかかると、ぜんざいを注文した外国人観光客が物珍しそうに鏡餅を眺めていた。

（2020年2月28日掲載）

アーケードが撤去された夜

サイン美広社・大城盛一さん

まちぐゎーに張り巡らされているアーケードは、第一牧志公設市場の解体工事にともない、市場に面した区間に限って撤去されることになった。

撤去が始まったのは2020年1月6日のこと。市場の西側にあるアーケードの撤去を請け負ったのは、「サイン美広社」の大城盛一さん（78歳）である。

糸満生まれの大城さんがまちぐゎーに関わるようになったのは、新聞で見かけた求人広告がきっかけだった。二十歳を迎えた頃に自動車免許を取得したものの、大城さんは車を持っていなかった。どうにか車を運転できる機会はないかと思っていたところに、「三陽」という看板屋さんが「運転手募集」と広告を出しているのを見つけた。

「この会社は、まちぐゎーの消防署のすぐ向かいにあって、社長の親父さんはなかなかやり手でしたよ。最初は『どこどこで材料買ってこい』と運転手を頼まれていたのが、だんだん現場

に出るようになって。あの当時、ドリルはないわけよ。ポンチみたいなのを打ってコンクリに穴を開けて、それで看板を取り付けよったんです。時間もかかるし、とにかく大変だったね」

4年ほど「三陽」に勤めながら技術を学ぶと、大城さんは独立し、ひとりで「サイン美広社」を立ち上げる。看板屋は文字を書く仕事だからと、「サイン」という言葉を社名に入れた。オートバイで営業にまわり、県内各地で看板を書いてきた。

「その頃はまだ、看板を取りつけるより、建物の壁に書くのが主流だったんですよ。どんな書体がいいかと家主と相談して、あとはその通りやればいいわけ。高いところも好きなほうだから、ロープに下がってでもやるよーって引き受けてたね。もう30年ぐらい前になるけど、具志川に製糖工場があって、そこの煙突に看板を書いたこともある。この仕事が性に合ってたんだろうね」

看板屋として働く大城さんのもとに、一件の依頼が舞い込んだ。それは、アーケードの工事を手伝って欲しいという依頼だった。

「このあたりのアーケードは、平和通りから始まったんです。それを請け負った会社から、『人数が足りないから加勢してくれ』と頼まれたわけ。昼間は人通りが多いもんだから、夜10時あとぐらいから始めて、朝までずっと工事やってましたね。アーケードの骨組みを作って持っていくんだけど、いざ取り付けようとすると収まらんわけよ。勾配があったり邪魔物があったりするから、現場でまた加工して溶接しないといけない。難儀だけど、とにかくやる以外ないから、なんとか完成させた。出来たばかりの頃は、国際通りは人がいなくても、アーケードの下は人が溢れていたね」

１９８１年に平和通りのアーケードが完成したのを皮切りに、まちぐゎーには次々とアーケードが作られてゆく。サンライズなはを除けば、大城さんはほとんどすべての建設工事に関わってきた。工事を進めていると、アーケード設置は法律に違反するとして、那覇市は工事の中止を求めてきたという。

「通り会の人たちが『アーケードを作りたい』と陳情に行っても、那覇市は絶対に許可しないわけよ。陳情に行っても、たらいまわしにされる。これじゃあどうにもならないから、『責任は通り会が持つ』と言われて、工事を頼まれたわけ。そうしたら市役所の人がうちにきて、『工事をストップしなさい』と言うんだけど、『これは私に言ったってどうにもならんから、通り会の人に言ってください』と。でも、通り会のところにはこなかったみたいだね」

大城さんはアーケードの設置だけでなく、台風などで穴が空いたときの修繕工事も請け負ってきた。今回の撤去工事も一部を担当したが、他の業者に比べると格安の料金で引き受けている。設置工事に関わったからには、その後の面倒も見なければという思いから、赤字が出るような価格で引き受けたのだと大城さんは語った。

ピンク
アリゲーター

設市場

「アーケードがなくなってみると、やっぱり寂しかったですよ。でも、新しいアーケードがどんなふうになるか、それが楽しみでもあるんだけどね」

ただ、アーケードの再整備については、まだ具体的な見通しは立っていないのが現状だ。予算の問題もあれば、建築基準法や消防法の問題もある。撤去された区間以外のアーケードも、これから補修や改築が必要になってくるだろう。

「昔に比べると、今は法律が第一だからね」と大城さん。「だけど、法律通りにやって締めつけてたら、費用がかかり過ぎてどうにもならんよ。それに、アーケードというのは大事なものだと思うよ。こうやって日射しや雨を避けるものがあるから、人がたくさん通るわけ。やっぱり、アーケードがないと那覇市は発展しないと思うね」

戦後の荒れ果てた風景の中から、なんとか生活を立て直していくために、超法規的に発展してきたのがまちぐゎーだ。昭和と平成も過去となり、令和を迎えた今、「超法規的に」とアーケードを再建するのは難しいだろう。しかし、法律に合わせて生活があるよりも、生活に合わせて法律があるべきだ。アーケードの下、小さな個人商店が軒を連ねるごたごたとした風景こそ、私が美しく感じる那覇の姿である。

（2020年3月27日掲載）

2020年度

2020.04〜2021.03

2020年

4月4日	市場関係者からコロナ感染者が発生し、同日から市場は一時閉場（4月10日に営業再開）
4月20日	県独自の緊急事態宣言（5月14日に解除）
4月23日	公設市場休業（5月18日に営業再開）
6月	県内旅行需要を喚起する「おきなわ彩発見キャンペーン」
6月19日	県をまたぐ移動が「解禁」
7月	米軍基地内で大規模感染が発生
7月下旬	国は観光支援策「Go To トラベル」を開始
8月1日	県独自の緊急事態宣言2回目（9月5日解除）
10月	市場の本格的な建設工事始まる

2021年

1月20日	県独自の3回目の緊急事態宣言が発出（2月28日に解除）

帳場で見つめる市場の景色

市場の古本屋ウララ・宇田智子さん

2020年4月4日、まちぐゎーに衝撃が走った。第一牧志公設市場から新型コロナウイルス感染者が出たことを受け、市場が臨時休業すると発表されたのだ。市場中央通りで「市場の古本屋ウララ」を営む宇田智子さんは、驚きのあまり「最初はフェイクニュースかと思った」という。

「あの段階ではまだ市中感染が起きてなかったから、マスクをつけている人も少なかったんです。それが急に至近距離で感染者が出て、皆が騒然となった。4月に入ってからは売り上げが明らかに下がっていたので、こんな状況で店を開けててもと思ってはいたんですけど、もし私が感染したらまちぐゎー全体に影響を及ぼすんだと実感して、休業することに決めました」

「市場の古本屋ウララ」は4月6日から臨時休業に入った。それは政府の緊急事態宣言が発出される前の日だった。県が7業態に営業自粛要請を求めた4月23日以降は、まちぐゎーのほとんどのお店がシャッターを下ろした。

神奈川県生まれの宇田さんは、大学卒業後に書店に就職。2009年、異動を機に沖縄に移り住んだ。ふとしたきっかけから、市場中央通りにあった古本屋「とくふく堂」を引き継ぐことになり、2011年に「市場の古本屋ウララ」をオープンし、今日に至る。これほど長く店を閉めるのは、創業以来初めてのことだ。

第一牧志公設市場が一時閉場を迎えて、もうすぐ1年が経つ。この1年は、振り返ってみると激動の日々だった。

市場が仮設の建物に移転すると、市場中央通りを行き交う買い物客は激減した。客足を取り戻すべく、市場中央通り第1アーケード協議会と沖縄タイムス社の共催という形で「マチグヮーのアーケード写真展」を開催し、通りに写真を展示した。また、市場の解体にともない撤去されたアーケード再建に向けた協議も重ねてきた。現状を広く知ってもらえるようにと、通りとアーケードの歴史をまとめた小冊子が完成し、市場中央通りのオリジナルTシャツも売り出して、ようやく賑わいが戻り始めていた。そこにコロナ禍が降りかかった。

「市場が一時閉場するとき、第一牧志公設市場組合長の粟国智光さんが『市場と周辺事業者は運命共同体』と挨拶されてましたけど、ほんとに運命共同体だなと思いました」と宇田さんは振り返る。

宇田さんは10年近く、公設市場の向かいでお店を営んできた。つまり、市場を向かいから見続けてきた。臨時休業を決めたとき、売り上げが断たれることだけでなく、移り変わる市場の姿を見続けられなくなることも気がかりだった。宇田さんは古本屋としてお店を切り盛りしながら、帳場から見える風景のことを書き綴ってきた。宇田さんの著書は海外にも翻訳されており、著作を読んでお店を訪れる旅行客もいる。

「店にいる時間の中で、本を売っている瞬間って少ないんですよ」と宇田さん。「それよりも、本の値付けをしたり、ただ座っていたりする時間のほうが多くて。4月の初めには『こんなに売れないんだったら閉めたほうがいいかな』と思って臨時休業にしたんですけど、ただ本を売るためだけに店を開けてるわけでもなかったなと、この期間に思いました。もちろん全然売れなければモチベーションが保てないですけど、路上に棚を広げて本を並べて、そうやって場所を作ることに面白さを感じていたんだなと気づかされました」

他の地域にある古本屋では、店舗は臨時休業としながらも、インターネットの通信販売で営業を続けるお店もある。ただ、わずか3畳の「市場の古本屋ウララ」は、シャッターを閉めたままでは作業ができず、仕事から遠ざかっている。

「ただ、そのことに焦りはないんです」と宇田さん。「やっぱり私は、店で本を売りたいんですよね。ボーダーインクの新刊が出たと聞くと、『ああ、売りたいな』と思いますけど、通販

99
地球一周の船旅

じゃなくて店で売りたいという気持ちが強いんです」
5月14日に沖縄を含む39県で緊急事態宣言が解除され、5月18日には第一牧志公設市場も営業を再開した。まちは少しずつ賑わいを取り戻すのだろうけれど、不安は残る。市場界隈には、休業要請の対象外でありながらも、自主的に休業していたお店も少なからずある。県は支援金の給付を発表したが、緊急事態宣言以前から売り上げが落ち込んでいたことを考えると、家賃が重くのしかかり、閉店を余儀なくされるお店も出てくるだろう。

「コロナ以前であれば、空き店舗が出るとすぐに新しい店がオープンしてましたけど、今はすぐに埋まらない気がして。そうやって歯抜けな状態になっていくかもしれないと思うと、通り会の運営やアーケードの再建にも影響しかねないので、心配ではありますね」

不安は尽きないが、希望もある。コロナ禍でほとんどの店舗が休業しているあいだ、まちぐゎーには工事の音が響いていた。第一牧志公設市場の西側に位置する松尾19号線では、アーケードが撤去されたあと、雨や陽射しを防ぐためのオーニングを設置する工事が進められていたのだ。工事を手掛けていたのはやはり大城盛一さんだ。

「一時はシャッター街みたいになってましたけど、そうやって未来に向かって仕事をしている人たちを見ると、まちぐゎーがこれで終わってしまうわけではないんだと思えたんです」と宇田さんは語る。「前とは違う形になってしまうかもしれないけど、このエリアは続いていくんじゃないかと思っています」

そこまで話したところで、それは私の希望でもあるんですけど、と宇田さんは付け加えた。

「市場の古本屋ウララ」は5月25日に営業を再開する予定だ。

（2020年5月22日掲載）

泡盛
Toilets 2F
泡盛
泡盛
沖縄限定
あわもり
試飲できます!

場の古本屋
市場の
古本屋
ウララ
古地図で楽しむ
ku:nel

まちぐゎーの魅力を再発見

那覇市第一牧志公設市場組合長・粟國智光さん

1年前の夜を思い出す。

2019年6月16日、第一牧志公設市場が一時閉場を迎えるにあたり、閉場セレモニーが開催された。そこには大勢の人が詰めかけ、盛大なセレモニーが開催された。市場の前でエイサーが披露され、最後はカチャーシーで締めくくられた。あの賑やかな夜から1年後に、こんなに閑散とした風景が広がっているだなんて、まるで想像していなかった。

「この1年、あっという間だったなというのが正直な感想ですね」。第一牧志公設市場の組合長で、「山城こんぶ屋」3代目の粟國智光さん（45歳）はそう振り返る。市場が一時閉場したあとは、感傷に浸る暇もなく、翌日から引越し作業に追われた。たった2週間の引越し期間で作業を終えて、なんとか7月1日に仮設市場の営業まで漕ぎつけた。「相対《あいたい》売りの空間が踏襲されている」と肯定的な声もあったが、わずか100メートルの移動とはいえ、「場所がわかりづらい」という声もあった。事業者の高齢化もあり、仮設に移転したものの、閉店してしまった店も3軒ほどある。どうにかして市場の灯を守らなければ――そう感じていたところに、新型コロナウイルスの問題が浮上した。市場には観光客も多く訪れ、大勢の人が行き交う場所だ。感染症対策を広く呼びかけていたが、市場関係者から感染者が発生してしまう。

「4月3日の段階で『検査をしている』という報告はあったので、4月4日に役員会を開催することは決めてあったんです。検査の結果は陽性だったんですけど、施設管理者である那覇市にも『休業しなさい』と言える権限はないということで、市場を閉めるかどうかは自主的に判断するしかなかったんですね。市場が休業するとなれば、まちぐゎー全体にも影響を与えてしまうから、かなり難しい判断ではあったんですけど、休業することに決めたんです」

自主休業期間に入り、農林水産省が定めるガイドラインに従って対策を施したのち、4月10日に市場は営業を再開した。しかし、80軒ほどの事業者のうち、店を開けたのは1割程度に留まったという。ほどなくして沖縄県から休業要請があり、4月23日から5月17日まで再び閉場することになった。

「こんなに長いあいだ市場が閉まるというのは、これまでありえなかったですね」と粟國さんは語る。「言ってみれば、市場機能がストップしたわけですよね。そこで僕が考えたのは、とにかく事業の継続なんです。コロナの影響で廃業する事業者が出てきてしまうと、新しい建物が完成しても、市場が存続できなくなる。家賃の減免や事業者の支援策について国や県や市に訴えかける一方で、こうした支援をどうやって事業者に行き渡らせられるかを考えたんです。今はオンライン申請が主流になっているので、高齢の事業者は混乱するんじゃないかと思ったんですね。とにかく事業継続が優先だと。どうにか高齢の事業者にも支援メニューの情報を周知して、現時点ではコロナの影響で廃業する業者は出ずに済んでいるので、その点はホッとしてますね」

休業要請が取り下げられると、仮設市場は5月18日に営業を再開したが、客足が戻ってきていないのが現状だ。県をまたぐ移動の自粛要請が取り下げられたことで、観光客で賑わう市場に対して、忌避感が強まるおそれもある。

「高齢のお客様からは、『買い物に行きたいんだけど、家族から止められてる』という声もあるんです。こうした抵抗感を払拭するのは難しいんですけど、対策をしっかりしていることを発信していくしかないですね。定期的に換気をするようにはしてますし、これからの季節は暑くなりますから、熱中症の危険性もあるということで、7月には事業者にフェイスシールドを配る予定です。そうやって昔ながらの相対売りを守りながら、テイクアウトや配達の情報も発信して、少しずつ賑わいを取り戻せたらと思ってますね」

粟國さんは以前から「市場の建て替えは、まちぐゎーの大きな分岐点になる」と指摘してきた。しかし、「こんなに大きな変化に巻き込まれるとは思わなかった」と苦笑する。

2階　食堂街
Fish
イセエビ・カニ・貝
ここで食事できます。

市場の建て替えにあたり、しきりに議論されたのは「地元向けの市場か、観光客向けの市場か」という問題だった。しかし、コロナの影響が深刻な今、問題は「地元か観光か」という線引きではなくなったと粟國さんは語る。

「地元のお客様でも、観光のお客様でも、そこでしか買えないものがあるから足を運んでくださるんだと思うんですね。大事なのは専門性で、専門性のある商店が集積していることがまちぐゎーの魅力に繋がっていると思うんです。何十年と続いている老舗も大切にしながら、新しい専門性がある店も集積することができれば、必然的に魅力が継続できるはず。新しい市場のオープンを予定している2022年は復帰50周年にあたりますけど、今、まちぐゎーの再発見が必要な時期なのかなと思っていますね」

日曜日の昼下がり、まちぐゎーの土産物店では、地元のこどもたちが試供品に舌鼓を打つ姿を見かけた。これまで「沖縄らしさ」は観光客に消費されてきたけれど、コロナ禍の中で、地元客に「今こそ県産品を」と呼びかける動きや、県民の県内旅行を促す「おきなわ彩《さい》発見キャンペーン」も展開されている。地元と観光の境界線が消えてゆけば、まちぐゎーの魅力も再発見されるはずだ。

（2020年6月26日掲載）

ウェブでつながるマチグヮー

津覇商店・津覇綾子さん

まちぐゎーの歴史は、復興のあゆみと重なっている。

終戦直後の那覇は、米軍により民間人の立ち入りが制限された。いち早く入域を許されたのは陶工たちで、生活物資を製造するために壺屋に先遣隊が送られ、これを皮切りに市場が形成されてゆく。第一牧志公設市場の斜め向かいに店を構える「津覇商店」も、生活必需品を扱う店として70年以上にわたり商いを続けてきた。

「うちは戦後間もない頃に、リヤカー商売から始まったみたいです」。そう語るのは、3代目の津覇綾子さん（49歳）だ。創業したのは祖父の実信さんで、当初は金物屋だったという。

「最初に売っていたのは、バケツとかタライとか、ほんとに日用品だったそうです。手先が器用で、アイディアマンでもあったから、薬莢を集めて富士山をかたどった灰皿を作ったりしてたみたいですね」

1970年生まれの綾子さんが物心つく頃には、父・実敏さんと母・縞子さんが店を継ぎ、

「津覇商店」は食器を扱う店になっていた。同じ通りに食器屋さんが4軒あり、有田焼や美濃焼を産地から共同で仕入れていた。つまり、店頭に同じ商品が並ぶことになるが、それぞれに御得意様がいて、それぞれに繁盛した。年末になると、新年に向けて食器や鍋を買い換える客でごった返し、家族総出で働くほどだった。復帰が近づくとホテルの建設が相次ぎ、毎日のように食器の納品に出かけたという。

県外出身の私は、沖縄のうつわと聞けばやちむんを思い浮かべる。でも、「津覇商店」が扱うのは県外から仕入れた和食器だけだ。

「当時父が言っていたのは、『やちむんは繊細なので、取り扱いが難しい』と。業務向けには磁器のほうが扱いやすかったんだと思います。普通のおうちでも、もちろんやちむんが好きで使ってらした方もいますけど、機能面とコスト面で大量生産の美濃焼や有田焼を使う家庭は多かったと思いますよ」

「津覇商店」は1階が店舗となっており、2階は住居だ。綾子さんは幼いころ、店のシャッターを上げてから登校した。時間に追われるように働く両親の姿を見て育ったこともあり、お店を継ぐつもりはなく、大学進学を機に東京で暮らしていた。だが、2008年に父が倒れると、「母ひとりでは切り盛りできないだろう」と、すぐに沖縄に帰ることに決めた。そうして店を引き継ぐころには、まちぐゎーの様子は昔と変わっていた。

「公設市場は昔、〝県民の台所〟と呼ばれていて、ほんとに生活の場だったんです。私たちが高校生の頃だと、土曜日に学校が終わると、皆で国際通りや平和通りに出かけてました。でも、最近は観光客が増えて、お店も観光客向けのところが増えましたよね。うちの店も、大型量販店が増えてからは食器が売れなくなったので、和雑貨も扱うようになったんです」

まちぐゎーの変化は、コロナ禍で浮き彫りになった。5月半ばに活動自粛要請が取り下げられ、県内各地に賑わいが戻り始めても、まちぐゎーは閑散としたままだった。どうにか地元のお客さんに再び足を運んでもらえないか——アイディアを練るため、綾子さんは金城忍さん(47歳)や畑井モト子さん(40歳)、パラソル通りで雑貨店「ｔｏｐｅ」を営む与儀静香さん(44歳)に声をかけた。

「私は犬猫の殺処分ゼロを目指す活動をしていて、『つなぐフェス』というイベントを開催するときには、まちぐゎーの人たちにイベントを手伝ってもらってきたんです」。畑井さんがそう教えてくれた。綾子さんや金城さん、与儀さんは、『つなぐフェス』の手伝いをしていた縁もあり、何かやろうと考えたときに一緒に動ける仲だった。

「バーチャルでまちぐゎーを歩きながら、そこで実際に買い物ができたら面白いかもね」。4月25日からＦａｃｅｂｏｏｋを通じてやりとりを始め、界隈のお店に声をかけてまわった。構想を練るのは時間がかかったけれど、具体的な作業は1週間で終わり、２０２０年6月20日に

OKINAWA

ジンベイザメ
tax-in price
Bowl
[L] ¥660
[M] ¥440
[S] ¥385
[mini] ¥330
Plate
[M] ¥440
[S] ¥330

「マチグヮーストア」がオープンする。インターネットを介して、まちぐゎーの商店で販売されている商品を購入できるサイトだ。

オープン初日、すぐに県内外から注文が舞い込んだ。4人で手分けをしながら、「津覇商店」で梱包し、発送作業をおこなう。「どうやって梱包するのか、まったく効率化がされてないから、注文が入るたびにてんやわんやです」と畑井さんは語る。現状はボランティアとして運営しており、4人に儲けはない。1日に100件の注文をこなせなければ利益を発生させられないが、「今の体制だと、とても100件は発送できない」と笑う。

今日現在では、16軒が「マチグヮーストア」に登録しているが（その後32店舗に増加）、「興味を持ってくれた近隣のお店があれば、ぜひ声をかけて欲しい」と4人は口を揃える。最終的な目標はまちぐゎーの活性化だ。

「この界隈はもともと専門店が集う街で、靴は靴屋、傘は傘屋で買える場所だったんです」と綾子さん。「サイトを通じて『こんな専門店があるんだ』と知ってもらえれば、実際にまちぐゎーに足を運んでくれるお客さんが増えたり、『自分もここで何かの専門店を始めたい』と思う人が出てくるんじゃないかと期待しています」

まちぐゎーの復興を目指し、「津覇商店」では今日も慌ただしく発送作業がおこなわれている。

（2020年7月24日掲載）

マスクに込める装いの喜び

下地力商店・與那城美和さん

コロナ禍の日々に、これまで素通りしていた場所でも足をとめるようになった。新天地市場本通りには、婦人服を扱う店が軒を連ねている。その軒先に色とりどりの布マスクが並んでいるのだ。

「昔はマスクの取り扱いはなかったんですけど、コロナの影響で仕入れるようにしたんです」。そう話してくれたのは「下地力商店」で店番をする與那城美和さん（55歳）だ。「最初は『とにかくマスクが欲しい』と買われる方が多かったですけど、最近は洋服に合わせられるように、色違いを買っていく方も多いですね。〝苦労知らず〟でいられるようにと、フクロウ柄が人気です。マスクにも売れ筋があるんです」

この場所で商いを始めたのは、美和さんの父・下地玄昭さんと母・ヨシ子さん。昭和9年、伊良部島に生まれた玄昭さんは、18歳の頃に那覇に渡り、コーヒーやぜんざいを出す店をオープンする。店と言っても、当時はガーブ川がまだ暗渠になっておらず、川べりに露店を構えて営業していた。売れ行きはよかったものの、露店だと氷を冷やしておくのも大変で、商売替えを決断。そこで選んだ商品が婦人服だった。すぐ近くに新天地市場があった影響で、界隈には衣料品を扱う店が数え切れないほど軒を連ねていたそうだ。

「その頃は川沿いに商品を並べて、雨が降ると商品を持って避難して――ガーブ川はよく氾濫するから大変だったみたいですよ。父は通り会の会長をやっていたから、ガーブ川を埋め立ててビルにしようと、皆でプラカードを掲げてデモ行進をやっていたらしいです」

ガーブ川が暗渠になり、川の上にあった「水上店舗」が近代的なビルになったのは1964年のこと。当時の記事を読むと、水上店舗は百貨店のようにモダンな場所を目指し、「相対売りではなく、値段を表記して販売する」と報じられている。美和さんが生まれたのは、水上店舗が完成した翌年だ。

「母は私を産んですぐ、おんぶしながら商売やってたみたいです。とにかく店が忙しくて、向かいのおばちゃんがおんぶしてくれたり、おっぱい飲ましてくれたり、そんな感じで育ったみたいですね。自分で歩けるようになると、店に行くと商売の邪魔になるから、裏の通りで鬼ごっこをしたり、お小遣いをもらって三越や山形屋の屋上に出かけて、コーヒーカップに乗って遊んだりしてましたね」

店の仕事も、小さい頃から当たり前のように手伝ってきた。3歳になる頃には店番をするこ

FEDERICO MILANO
新型コロナウイル
医療用マス
10
枚入り
ABLE FACE MASK

ともあったという。

「私が店にいると、お客さんに『お母さんはどこ行ったの?』と訊かれるんですね。まだ言葉もそんなにしゃべらない頃から、意味もわからずに『パーマ屋行ってる』って答えてましたね。『これ、ちょうだい』と言われると、値段もわからないまま売ってました」

働く両親の姿は、とにかく忙しそうに見えた。当時は21時頃まで営業しており、両親の帰りを待ち、眠い目を擦りながら夕食を食べる日々だった。「自分はとても商売人になれない」と、店を継ぐことは考えなかった。父・玄昭さんが44歳の若さで亡くなってからは、母・ヨシ子さんがひとりでお店を切り盛りしてきた。昔は従業員を雇うほど忙しかったが、気づけばひとりで事足りるようになっていた。

新天地市場には、服を仕立てて販売する店が軒を連ねていて、大いに賑わっていた。だが、量販店が増え、大量生産された服が手頃な値段で買えるようになると、次第に客足が減ってゆく。2011年9月30日をもって、新天地市場は長い歴史に幕を下ろした。

「下地力商店」が扱う商品には、内地から仕入れた手頃な価格の洋服もあり、新天地市場の閉場後もどうにか商売を続けてきた。昭和7年生まれのヨシ子さんは、87歳を迎えても休むことなく店に立っていた。そこにコロナ禍が降りかかり、店は臨時休業を余儀なくされた。気落ちする母の姿に接しているうちに、美和さんは自分が店番をすることに決めた。

「母は日曜日も休むことがなかったですし、台風のときでも店を開けようとするぐらいで、お店が命の人なんです。臨時休業しているうちに、母の元気がなくなってきたので、『じゃあ、私が開けるだけ開けとくよー』と、店番することにしたんです」

店番をするようになって、母の気持ちが理解できたような気がすると美和さんは言う。「魔法にかかったような感じで、『今日は日曜日だからお客さんが少ないかもな』と思っても、それでもお店を開けておかなきゃと思うようになったんです」と。

「下地力商店」でマスクを買ったときに驚いたのは、商品と一緒に小さなビニール袋を手渡されたこと。そこには塩飴とポケットティッシュ、それに「またのご来店心よりお待ちしております　下地力商店」と、手書きのメモが入っていたからだ。シーブン（おまけ）に飴をもらったことは何度となくあるけれど、手書きのメモまでついてきたのは初めての経験だった。「下地力商店」には看板がないため、お客さんにおぼえてもらえるようにと、美和さんが娘に頼んで書いてもらっているのだという。

感染が再び拡大する中で、人通りが途絶えた日もあった。隣で半世紀以上営業していた老舗の婦人服店も閉店し、現在は空き店舗となっている。それでも、どうにかこの状況を乗り越える日を待ちながら、今日も「下地力商店」は営業している。

（2020年8月28日掲載）

婦人服専門

お惣菜と〝ゆいまーる〟精神

上原パーラー・玉里幸子さん　知花美智子さん

お昼時が近づくと、太平通りには軒先に惣菜を並べる店が増えてくる。中でも目を引くのが、アーケード街の入り口にある「上原パーラー」だ。

「ここで店を始めたのは、私ではないんです」。現在、「上原パーラー」を切り盛りする知花美智子さん（61歳）はそう教えてくれた。創業者は店名の通り上原文子さんご夫婦で、美智子さんの姉・玉里幸子さん（66歳）は従業員として「上原パーラー」に勤めていた。高齢を理由に上原さんが引退することになり、「あなたが引き継ぎなさい」と指名され、店名は変えずに幸子さんが店主となった。それが約40年前のことだ。

「最初は今のようにたくさん商品を陳列してたわけじゃなくて、注文された品物を窓際から出す感じで商売をやっていたんです。パーラーという名前だから、はじめはアメリカンドッグやたい焼き、ソフトクリームやサンドイッチ、それに天ぷらを売ってましたね。内地の人からしたら、パーラーに天ぷらって不思議に思うかもしれないけど、私たちはそんなに深く考えないで、天ぷらや揚げ豆腐を売ってましたね」

パーラーとは、フランス語の「parlor」（談話室）から派生した言葉だ。アメリカ世《ゆー》の時代に沖縄にパーラー文化が定着し、軽食を提供する簡易店舗が「パーラー」を名乗るようになったのだという。最初はハイカラなメニューが多かったけれど、売れ行きが鈍く、お客さんのリクエストに応じて茹で豚足にソーミンチャンプルー、油かすとメニューが増えてゆき、現在では沖縄の家庭の味をメインに提供している。

「うちの向かいには昔、農連市場があって、夜中2時ごろからものすごく賑わってたんですよ。そこのおばちゃんたちが、明け方になるとごはん食べにくるから、朝早くからやってる店が多かった。それでうちも、朝6時にはお店を開けるようにしたんです。ただ、昔は仕事の途中で座ってごはん食べたり、テレビを観たりする時間もあったんですよ。それが、30年くらい前に隣の奥間青果さんがオープンしてから、大繁盛が始まったんですよ。野菜を買いにきた方が、ついでにうちで惣菜を買って行ってくれる。だからもう、奥間さんのおかげだねーってよく話してます」

早朝から営業を始められるように、仕込みは前日のうちに終わらせておく。朝6時に店を開け、完成した商品から次々店に並べてゆく。「売りながら仕込みもするから、一日中忙しいんですよ」と美智子さんは笑う。「商売繁盛で忙しいんじゃなくて、仕込みするのに忙しいだけ

球一周の船旅
178万円
0120-95-3740

だね」と。

「上原パーラー」の惣菜はどれも手頃な価格で販売されている。一番人気のじゅーしーおにぎりは2個入りで150円。消費税が引き上げられてからも、値段を変えずに営業を続けてきた(原材料高騰の影響で、現在は170円)。

「レストランで食べるなら700円、800円出すお客さんが多いと思うんですけど、まちぐゎーで惣菜を買おうとしたときに500円って書いてあると、躊躇すると思うんですよね。だから、なるべく買い求めやすい値段にしてます。私自身、贅沢な人間でもないんですよ。だから、そんなに利益、利益と考えなくても、従業員のお給料を出して、仕入れのお金を払って、手元に私の生活費がちょっと残ればそれでいいんです」

太平通りで惣菜を物色する買い物客には、お年寄りも目立つ。年金生活を送る世代にとって、太平通りに並ぶ手頃な価格の惣菜は生活を支える必需品となっているのだろう。

沖縄には「ゆいまーる」という言葉がある。助け合いを意味する言葉で、困難な状況を共助で支え合う精神は美徳だと言える。ただ、ゆいまーるが必要となるのは、行政や政治による公助が圧倒的に不足しているからだ。

どうにか手頃な値段で惣菜を提供できるようにと、「上原パーラー」では工夫を重ねている。魚が大量に入ってくれれば魚を出し、よもぎが入ってくれば『天ぷらにしたらどんなかねー』と揚げてみる。様々な惣菜が並ぶ陳列棚で、異彩を放つのは「ネパールのチキンカレー」だ。

カレーを出すようになったきっかけはネパールからの留学生ダガル・ティカさん（29歳）が「上原パーラー」でアルバイトするようになったことにある。ダガルさんが作るネパール風カレーを食べた美智子さんは、すぐに商品として販売することに決めた。

「最初は私が隣近所にセールスして、ちょっと食べてみてーと言ってたんですけど、奥間さんのところに仕入れにくるお兄さんが珍しがって買って行ってくれるようになったんです。一度食べたお客さんは、『美味しかった』とまた買いに来てくれる。最初は10食も作らなかったけど、今ではカレーだけで30食は出てますね」

天ぷらを何個か買ってくれたお客さんには、売り物にはならない小さな天ぷらをシーブンする。「単に商品を売ってお金を受け取るというだけじゃなくて、買い物のついでに会話しながら、お互いに助け合っていく。それがうちなーんちゅの商売なんです」と美智子さんは言う。

「私たちの世代は、ちっちゃい時は隣近所のおうちでごはんも食べたし、お風呂も入れてもらったし、そうやって生きてきたんです。そのゆいまーる精神を、ネパールの子たちを見ていると思い出すんですよね。ネパールの子たちは、4人いれば4人で分けて食べるし、親兄弟が近くにいないぶん、友達同士で助け合ってる。私たちが忘れかけている優しさがあるような気がしますね」

まちぐゎーには今もゆいまーる精神が息づいている。美智子さんの語る「優しさ」に胸を打たれるのと同時に、それを美談として消費するのではなく、ゆいまーる精神が必要とされる背景について考えなければならないと思う。

（2020年9月25日掲載）

¥100
¥120
¥50

うずら卵フライ
¥50
¥50
¥50
¥130
¥120
¥40

市場に吹き込む東北の風

パーラー小やじ・新垣祐紀さん

沖縄の酒といえば、真っ先に思い浮かぶのは泡盛だ。こう書くと、復帰前を知る世代からは「アメリカ世《ゆー》にはウィスキーをよく飲んだ」と反論があるかもしれない。あるいは、ビール党からは「やっぱりオリオンビール」と声があがるだろう。沖縄で飲める酒も今や多様化しているけれど、「パーラー小やじ」で日本酒を目にしたときは新鮮な印象を抱いた。それも、扱っているのは北国の地酒である。

オーナーの千葉達実さん（43歳）は宮城県出身。仙台にある居酒屋「壽哲廸《おやじ》」で修行したのち、２０１０年に泉崎で「飲み食い処 小やじ」をオープン。ここでアルバイトとして働いていたのが、現在「パーラー小やじ」で店長を務める新垣裕紀さん（31歳）だ。

「僕は南城市の出身なんですけど、こどもの頃からこのあたりに来る機会があったんです。路地が入り組んでて、小さなお店が並んでて、ちょっとわくわくする場所でした。そんな場所に、急にぽつんと足立屋さんが現れて、びっくりしましたね」

大衆酒場「足立屋」が公設市場の近くに進出したのは、２０１４年秋のこと。まちぐゎーを歩けば、今ではいたるところに「せんべろ」を掲げる店があるけれど、その嚆矢《こうし》となったのが「足立屋」である。「飲み食い処 小やじ」で働きながら、買い出しでまちぐゎーを訪れていた新垣さんの目に、昼から営業している酒場は新鮮に感じられたという。

新垣さんが買い出しに足を運んでいたのは、牧志公設市場と、そのすぐ近くにある松尾二丁目中央市場だ。松尾二丁目中央市場には、「タイム」というパーラーがあった。沖縄そばやタコライスが食べられる老舗のパーラーだったが、惜しまれつつも閉店してしまう。その立地と佇まいに惹かれ、「ここで酒場をやらせてもらえないか」と大家さんに相談にしたところ、二つ返事で貸してもらえることになった。なるべく街に馴染めるようにと、改修工事は最小限に留め、店名も「パーラー小やじ」としてオープンした。それが２０１５年８月２日のことだ。

「オープンした当初は、ちょっと反応が薄かったんです。このあたりには肉屋さんや魚屋さんがあって、昼は賑わってたんですけど、夜になると真っ暗になって、うちだけぽつんと灯りがともっているような状態で。でも、まちぐゎーの方たちが仕事帰りに寄ってくれるようになって、少しずつお客さんが増えていきましたね」

「パーラー小やじ」は、東北のお酒だけでなく、定義山三角油揚げ焼きや、いぶりがっこなど、東北では定番の肴も扱っている。沖縄では馴染みの薄い料理ではあるけれど、「一体どんな味

Koyaji

がするのだろう?」と目を輝かせて楽しんでくれる人が多かったと、新垣さんはオープン当時を振り返る。お店を切り盛りする上で大切にしているのは季節感だ。

「沖縄は年中暖かいので、季節を感じる機会が少ないと思うんです。だからこそ、お酒もツマミも、季節を感じられるものを提供できるように意識してます。たとえば、もう少し寒くなるとセリ鍋を出すんですよ。沖縄ではセリという野菜は馴染みがないから、最初は『セリとは何だ?』というところから始まるんですけど、今では『冬はセリ鍋を食べないと』と注文してくださる方もいます」

古来より交易で栄えた沖縄には、チャンプルー文化が根づいている。各地の文化を自由自在に取り入れて、沖縄の文化は形成されてきた。ここ10年のあいだに、まちぐゎーに新しい風が吹き込んで、新たなチャンプルーが生じつつある。

「うちの店でも、東北から仕入れた食材だけじゃなくて、県産品を使うようにしているんです。やっぱり、すぐ近くに市場があるので、美味しい県産品がたくさん手に入るんですよ。たとえば、つくねピーマンというメニューも、実はピーマンが主役なんです。すぐ近くの八百屋さんで県産ピーマンを扱っていて、これを氷水で締めて、塩を振るだけで美味しいんですよ。お客様に『これ、どこのピーマン?』と聞かれたら、『あそこの八百屋さんのです』と案内する。東北の食材と県産品とを、良い具合にチャンプルーしていけたらなと思ってますね」

毎日お客さんで賑わっていた「パーラー小やじ」も、新型コロナウイルスの影響で臨時休業を余儀なくされた。緊急事態宣言が取り下げられたあとも、人が集まる場所である酒場を再開してよいのか葛藤があった。ただ、お客さんからの励ましの声に背中を押されて、2020年6月5日に営業を再開した。席数は減らし、消毒液も席ごとに用意した。しかし、何より感染症対策となっているのは、「パーラー小やじ」には外壁がなく、常に外の空気に晒されていることにある。

「それはお客さんからもよく言っていただけますね。うちは壁がないから、通りかかったお年寄りの方が席に腰掛けて、注文せずに世間話を始めることもあるんですけど、そういうのも街の風景だと思っているから、そのまま座って話してもらってるんです。あるいは、近所のこどもたちから『水ちょうだい！』と言われたら、水を出してあげるようにしてて。そういうのはこの場所ならではの風景だから、なくならないで欲しいなと思っています」

こどもたちが駆けまわる姿を横目に、秋風に吹かれながら熱燗を飲む。そんな愉しみも、まちぐゎーの定番となりつつある。

（2020年10月23日掲載）

2019
入賞酒
鮮烈辛口
品目 日本酒

地域の「今」を記録する

地域情報誌「み〜きゅるきゅる」・編集長・宮道喜一さん

まちぐゎーには小さな地域情報誌がある。2004年に創刊された『み〜きゅるきゅる』だ。編集長の宮道喜一さん（42歳）は横浜生まれ。1998年、大学進学を機に沖縄に移り住んだ。建築学科で都市計画を学んでいた宮道さんは、街づくりに関心があり、学生時代から那覇市のNPO活動支援センターで働いていた。そこで目にしたのは、自分たちが暮らす地域の問題を自分たちで解決しようと奮闘する人たちの姿だった。

住民が主体となった街づくりを実現するには、どうすればよいのか——共通の関心を持った4人の仲間と「まちなか研究所わくわく」を立ち上げたのは、2004年4月1日のこと。その年の夏に『み〜きゅるきゅる』を創刊し、「桜坂」をテーマに特集を組んだ。

「団体を立ち上げたとき、事務所があったのは桜坂だったんです。街づくりをやっていくのであれば、まず地元のことをちゃんと知らなきゃね、と。まずは地域のことを掘り起こして伝える媒体づくりをやってみようということで、活動を応援してくださる方々と一緒に取り組んだのが『み〜きゅるきゅる』の創刊でした」

メンバーの中に雑誌づくりの経験者はおらず、「最初の号はとにかく勢いで作った感じです」と宮道さんは笑う。当時はフリーペーパーが脚光を浴び始めた時代で、那覇でも多くのフリーペーパーが発行されていた。ただし、そのほとんどが観光客向けの情報を掲載したもので、地元客向けのものは見当たらなかった。

「『み〜きゅるきゅる』は、地元の方にこそ読んで欲しいというコンセプトで作りました。『なんで桜坂っていう名前がついたんだろう?』とか、『どうして開南という名前になったんだろう?』とかって、意外と地元の人にも知られていないところがあって。その名前がついた背景には、その土地に携わった先人がいて、街をよくしていこうと活動された歴史があるはずだから、それを伝えていこうとなりました」

沖縄では「県産本」が数多く出版されており、ひとびとの生活がさまざまな形で記録されてきた。ただ、まちぐゎーの戦後史を綴った資料は少なく、創刊号は反響を呼び、読者から情報提供が舞い込んだ。

「まちぐゎーの戦後史の資料って、極端に少ないんじゃないかと思うんです。市町村史を当たれば、戦前のことはある程度わかるんですけど、『み〜きゅるきゅる』が取り上げるエリアは

撤去か再生か？
この先どうなる!?
特集
マチグヮーのアーケード
Vol.8

戦後からの街が多いので、文献を調べてもなかなか情報が出てこないことが多くて。街が変化すると、それまでの姿はどんどん忘れられていくので、街の記憶をちゃんと記録に残したいと、『み〜きゅるきゅる』を作る中で改めて思うようになりましたね」

これまで特集を組んだのは、桜坂、久茂地、前島、むつみ橋、開南、牧志公設市場衣料部・雑貨部、それに第一牧志公設市場だ。誌面づくりは毎号ボランティアを募り、集まったメンバーたちの視点で記事が書かれてきた。ただ、2012年に発売された第7号を最後に、休刊状態が続いていた。

久しぶりに刊行に向けた動きが立ち上がったのは、2019年の秋のこと。公設市場の建て替え工事にともない、市場の周囲を囲んでいたアーケードは撤去されることになった。アーケード再興に向けた取り組みも始まるなかで、「マチグヮーのアーケード」を特集テーマに、『み〜きゅるきゅる』を復活することに決めた。1年近い準備期間を経て、この秋、最新号が「市場の古本屋ウララ」に並んだ。

「『み〜きゅるきゅる』を作り続けて、地元で商店をやっている方から直接的な反応をいただくことはそんなにないんです。ただ、こうして記録しておくと、なにか変化に直面したときに必要とされることもある。たとえば公設市場が建て替え工事を迎えて、まちぐゎーの歴史を踏まえた街づくりをしようとなったときには、こうして一冊にまとめておくことが無駄にはならないと思うんです。だから、何か大きな変化に対応しなければならないときに向けて、基礎をつくっているようなイメージですね」

『み～きゅるきゅる』の誌面には、これまで書き記されてこなかった街の歴史が綴られている。ただ、そこに記されるのは過去の姿だけではなく、現在の姿が必ず記録されている。

「まちぐゎーは商人の街なので、時代の変化とともに変わり続けてきた場所だと思うんです。今の姿も、1年後には歴史になっていくような状況なので、現在の様子もちゃんと捉えておくというのは創刊号からコンセプトとしてあります。過去があって、現在があって、未来を思い描くことができる。だから、今のまちぐゎーの姿も記録しておけたらと思っています」

『み～きゅるきゅる』には、「この冊子を手に街を歩いてみてほしい」との思いから、特集した地域の地図が必ず掲載されている。第一牧志公設市場はいよいよ建設工事が始まるが、建設中の風景というのも今しか目にすることができないものだ。その風景を目に焼きつけておこうと、『み～きゅるきゅる』を片手に、まちぐゎーを歩き続けている。

（2020年12月25日掲載）

安全祈願祭に込めた思い

沖宮《おきのぐう》・神職・上地健太郎さん

10月15日。更地となった第一牧志公設市場の跡地に、祭壇が設けられていた。いよいよ始まる建設工事を前に、安全祈願祭が執り行われることになったのだ。直前に通り雨に見舞われたものの、開始時刻の15時には晴れ間も覗いていた。厳かな空気の中、沖宮の神職・上地健太郎さんが祝詞を上げる。

公設市場の安全祈願祭を沖宮が請け負うと決まったときから、健太郎さんは「自分が担当したい」と思っていた。

「僕は小禄出身なんですけど、中学生ぐらいになると行動範囲が広がって、公設市場のあたりにはよく行ってました。学校帰りや映画を観たあとに、安いお菓子を買って、路地裏で友達と遊んでたんです。特に好きなのは、コーヒースタンド小嶺の冷しレモン。あそこの椅子に座って冷しレモンを飲むのが好きで、県外から知り合いがやってくると必ず連れて行く場所だったんです。自分が安全祈願祭でご奉仕できると決まったときは、嬉しいと同時に重圧も感じました」

沖宮には沖縄本島だけでなく、離島からも地鎮祭の依頼が舞い込む。地鎮祭を執り行うということは、風景が生まれ変わる現場に立ち会い続けるということでもある。昔ながらの街並みが消えていくことに、「寂しさを感じることもある」と健太郎さんは語る。

以前は観光関係の仕事に就いていた健太郎さんは、沖縄らしさを感じられる場所として、お客さんを公設市場に案内してきた。神職となってからも、まちぐゎーに足を運ぶ機会は多かったという。

「たとえば沖宮の行事で使う天ぷらは、公設市場の近くにある呉屋天ぷら屋のものを使っています。僕は中学生のころから呉屋さんに通ってますけど、下ごしらえも丁寧で、すごく美味しいですよね。今はもう、お供物にするお餅やお菓子はどこでも売ってますけど、ちゃんとした思いを持った人たちが作るものを、皆が求めに行くのが、僕個人としては理想だと思います」

安全祈願祭を終えたあと、健太郎さんはすぐに「呉屋天ぷら屋」に足を運び、天ぷらを買った。普段はおつかいで訪れているせいか、「僕が安全祈願祭をやったんですよと言っても、お店の方たちは信じてくれなかった」と健太郎さんは笑う。

健太郎さんが神職となったのは3年前のこと。散歩がてら奥武山公園を訪れるうちに、沖宮に参拝するようになり、神職となったのだという。

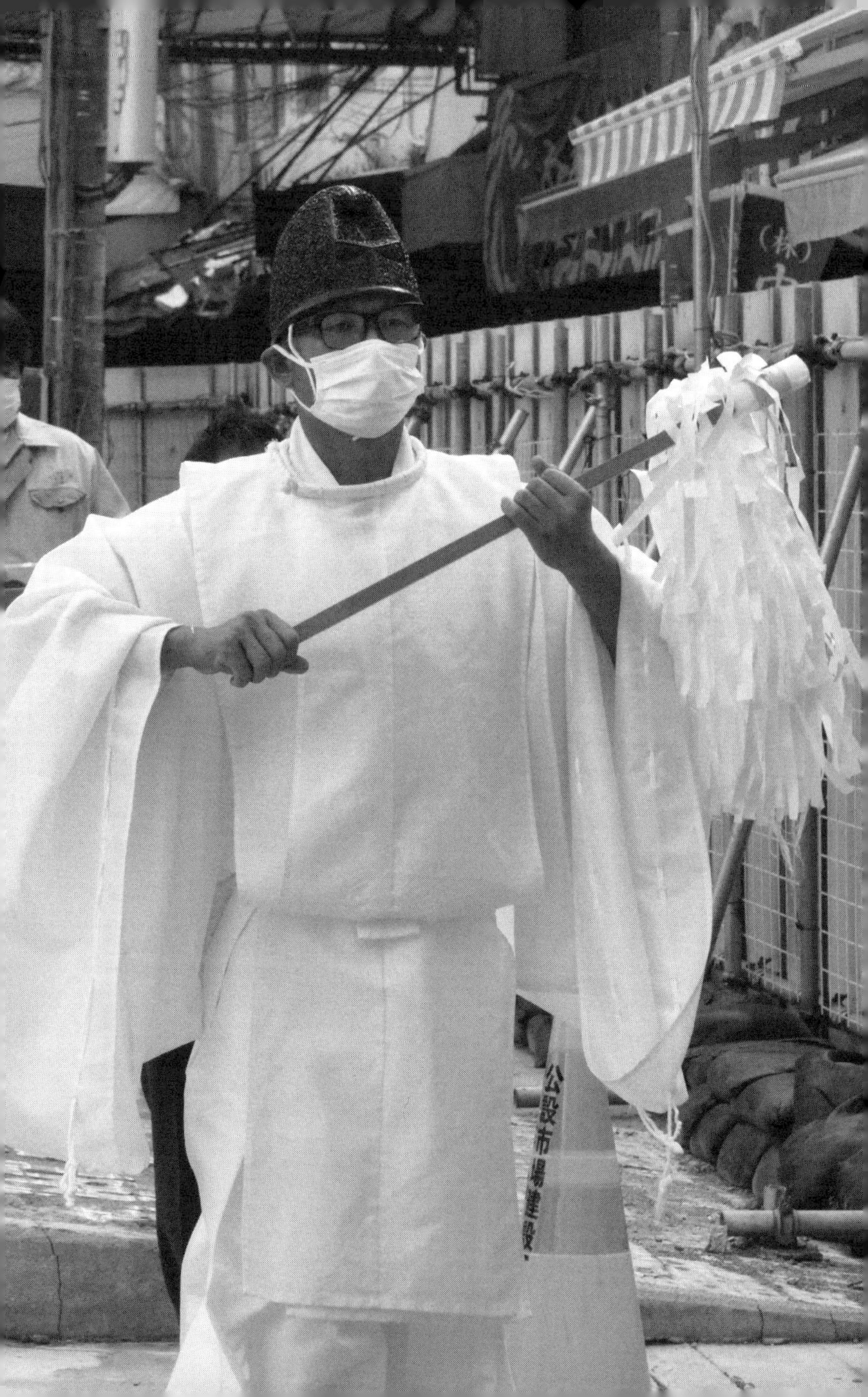
(株)
公設市場建設

沖宮の創建は15世紀にまで遡る。当初は那覇港に鎮座する航海安全の神として信仰されていたが、明治41年に那覇港築港工事が始まると、安里八幡宮の境内に移転。本殿は国宝にも指定されていたが、戦災によって焼失してしまう。終戦後、「沖宮を復興せよ」とご神託を受けた先代宮司・比嘉真忠氏により、奥武山公園内にある天燈山御嶽《うたき》の麓に沖宮は再興された。

「沖縄には古来よりアニミズム的な土着信仰があるので、神社やお寺というのは新しい文化なんです」。そう教えてくれたのは、沖宮の宮司・上地一郎さんだ。「神社というのは本土の神様みたいな感覚で、それよりも自分たちの村に代々伝わってきたお祭りや御嶽を大切にしてきたんです」

　沖宮は琉球古神道《こしんとう》の流れを色濃く残した神社だ。ただし、「あらゆる宗教から学ぶことがある」との考えから、毎年12月にはクリスマス会を開催してきた。今年はコロナの影響で中止となったが、神父を招き、神社で聖歌を捧げるのだ。

「昔は生活のあらゆる場面において祈りがあり、そこには人間が失ってはならない教えがありました。神社も教会も神に祈りを捧げる場所であり、それを中心にコミュニティが形成されてきました。時代が移り変わり、環境が大きく変容し、ひとびとから信仰心が失われているのが現状です。宗教の枠を超えて信仰心を持つ、即ち《すなわ》祈りの大切さに今一度気づいてもらうため、色々なきっかけを作っていくことも我々の大切な使命だと思うんです」

市場もまた、神社や教会と同じようにひとびとが集い、コミュニティが形成されてきた場所だ。だが、近年の市民意識調査では、市民のまちぐゎー離れが指摘されてもいる。

「若い世代の方たちは、まちぐゎーの魅力を知らないだけだと思うんです」。上地健太郎さんはそう語る。「安全祈願祭の祝詞でも奏上したんですけど、公設市場は沖縄の島々のもの、ひとびとが作り出すものが集まってくる場所だと思うんですね。これまで沖縄で継承されてきたものが、若い世代に受け継がれていけばいいなという思いがあったので、安全祈願祭でご奉仕を終えたあとは、すごくほっとした気持ちになりました」

安全祈願祭も終わり、第一牧志公設市場の跡地では建設工事が始まっている。新しい市場のオープンは、現在のところ2022年の4月を予定している。

（2020年12月25日掲載）

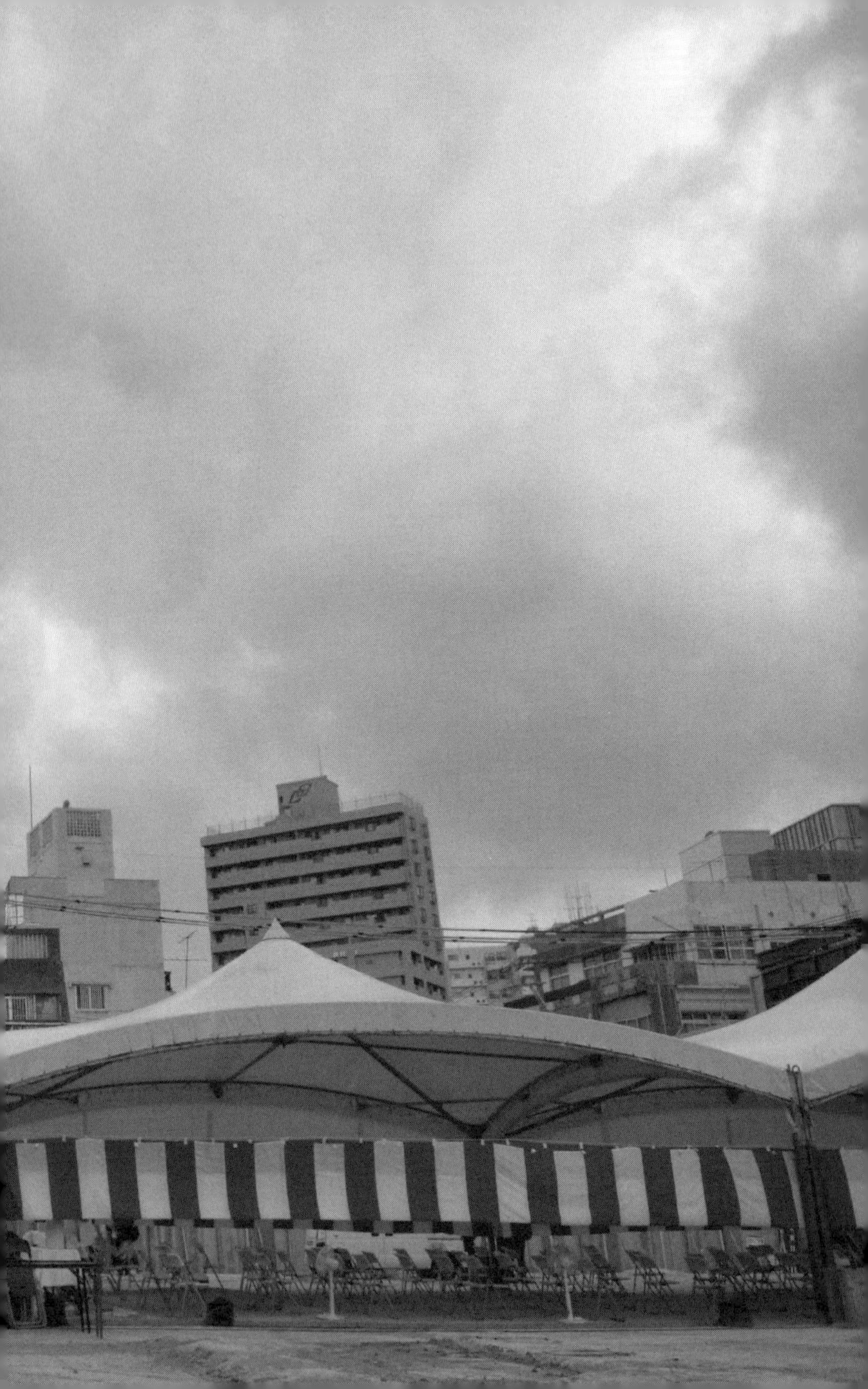

思い出に残る名もない店

仲村アクセサリー・仲村舟子さん

第一牧志公設市場の安全祈願祭が執り行われた日、私はどこか狐につままれたような気持ちになっていた。まちぐゎーの取材を始めて3年になるが、広大な更地に立って風景を眺めたことは一度もなかった。ここにはかつて市場があり、これから新しい市場が建設されるのだから、その場所に立って周囲を見渡すのはあれが最初で最後になるのだろう。

がらんとした更地に立つと、フェンスを隔てたすぐ隣に、赤紫色の建物が見えた。「仲村アクセサリー」である。

「私がここにきたときには、もう前の市場が完成していて、とっても賑やかでした」。そう聞かせてくれたのは、お店を切り盛りする仲村舟子さん（69歳）。鹿児島生まれの舟子さんは、高校を卒業すると大阪に出て、電気屋で出張販売の職に就く。仕事で立ち寄った肉屋で6歳年長の仲村優さんと出会い、21歳で結婚。ほどなくして優さんの郷里である沖縄に移り住んだ。

「最初に沖縄にきたのは結婚する前で、当時は飛行機代が高かったので、船できたんです。あの頃はもう復帰してましたけど、車はまだ右側を走っていて、ちょっと外国にきた感じでね。生まれ育ったのは九州の田舎のほうだから、那覇はすごく賑やかで、素敵なところだなと思いました。だから、那覇に嫁いできてよかったかもしれないね」

那覇に移り住むと、舟子さんは優さんの姉が営む化粧品店「紫」を手伝い始める。働いて2年が経ったころ、「ここでアクセサリーを売ってもらえませんか」という依頼が舞い込んだ。舟子さんはすぐに優さんと相談し、「紫」の斜向《はす》かいにある建物――そこにはかつて優さんの両親が営む肉屋で、当時は「紫」の倉庫として使われていた――を利用して、アクセサリーを売ってみることに決めた。

「沖縄にきたときから、主人と一緒に何かお店をやろうと話していたんです。建物はもうぼろぼろになっていたから、一部を壊して、壁をショーケースにして商品を並べていたんです。スカーフやネックレス、それにイヤリング。すぐ目の前が公設市場だから、場所的には良いところですよね。向かいには市場の外小間のお店が並んでいて、鰹節屋さんもあったし、豆屋さんもあったし、おそば屋さんもあったんですよ」

公設市場が一時閉場を迎える頃には、市場と「仲村アクセサリー」のあいだの通りにはお店が一軒もなく、ただの路地のようになっていたけれど、そこにもかつてはお店が並んでいたのだと舟子さんは教えてくれた。

「昔はね、若いお客さんも多かったんですよ」。舟子さんは当時を振り返る。界隈には若者向けの洋服店も軒を連ねており、まちぐゎーは放課後にこどもたちが遊びにくる場所でもあった。「夏休みになると、高校生の子たちがピアスを買いにきて、行列ができていたこともあるんです。ある時期からシルバーアクセサリーが売れるようになってくると、主人は友達からつくりかたを教わってきて。結構器用なほうだから、2階を工房にして、自分でシルバーアクセサリーを作るようになったんです」

現在の店舗を建てたきっかけは、琉球銀行の支店長が「お金を貸してあげるから、ビルを建てないか」と提案してくれたことだった。「あの支店長さんはとっても良い方で、お世話になりました」と舟子さんは振り返る。

「仲村アクセサリー」の隣にある琉球銀行牧志市場出張所は、かつては市場前支店という名前だった。１９７１年にオープンし、50年の歴史を誇るが、経費削減のため支店の統合が進むなか、2月22日で壺屋支店内に移転してしまった。サンライズなはにあった沖縄銀行壺屋支店も昨年7月に移転し、日本郵便の発送所「市場サテライト」も3月末に閉鎖される予定だ。これから先は、銀行で手続きをしたり、ゆうパックを発送したりするには、アーケードの外にまで足を延ばさなければならなくなる。「これまですぐ隣だったから、不便になっちゃう」と舟子さんは言う。

CARD

琉球銀行
18K
オリジナル HAND
K18ピアス
本サンゴ

市場の解体工事が始まると、目と鼻の距離にある「仲村アクセサリー」は粉塵と騒音、それに振動に悩まされるようになった。「那覇市役所とも話し合いがあったんだけど、役所は話が遠過ぎて、現場監督さんに直接陳情したんです。防音シートを張ってもらったり、アーケードが撤去されて雨漏りがするようになったら隙間をシートで塞いでくれたり、よくしてもらってます」

お店を創業して、45年近くが経つ。夫も健在だが、最近は息子の鉄心さん（43歳）と店を切り盛りするようになった。今ではシルバーアクセサリーだけではなく、シーサーなど土産物も並べるようになった。看板に「仲村アクセサリー」という文字はなく、「名もない店」と記されている。かつてまちぐゎーには、看板を掲げていない小さな食堂が軒を連ねており、その時代を懐かしんで「名もない店」と看板に書いたのだという。

「最近では、学生のときに買いにきてくれたお客さんが、自分のこどもを連れて買い物にきてくれることもあるんです」。舟子さんはそう教えてくれた。「仲村アクセサリー」もまた、誰かにとって懐かしい思い出の店になっている。

（2021年2月26日掲載）

土地に宿る記憶を引き継ぐ

旧・若松薬品・平良亜弥さん

3月6日、平和通りのアーケードを抜け、住所が牧志から壺屋へと変わるあたりを歩いていると、古い建物の前にひとだかりができていた。中に入ってみると、「若松薬品エピローグ」という展覧会が開催されていた。

その建物は、かつて「若松薬品」という卸問屋の倉庫だった。卸問屋を創業した伊是名興宜さんは、昭和6年、今帰仁生まれ。戦後は那覇の「宇治原本店」で働いたのち、独立。最初は看板も掲げないままスタートしたが、壺屋のてんぷら坂へ移転したのち、「伊是名薬房」と看板を出した。

「祖父の店は、医薬品の卸・小売りの店だったみたいです」。そう聞かせてくれたのは、興宜さんの孫・平良亜弥さん（39歳）だ。「当時の名刺を見ると、『医薬品／家庭薬品／医療器具／衛生材料／其の他／卸・小賣』と書かれていて。店頭で小売りをしながら、薬局に卸す仕事もしていて、最盛期には配達先が１００軒ぐらいあったそうです」

経営が軌道に乗ると、興宜さんは若松通りの近く、那覇市松山に店舗兼自宅を構え、店名を「若松薬品」と改めた。取り扱う量が増えたことから、倉庫も借りることになった。その倉庫が、「若松薬品エピローグ」の会場となった場所である。界隈には様々な業種の卸問屋が軒を連ねていたという。「若松薬品」にも、仲卸業を営む女性が訪れ、県内各地にあるまちやぐゎー（商店）に商品を卸していた。

「最盛期には松山と壺屋に店舗があったそうなんですけど、私の記憶にあるときにはもうそれらは閉じていて、ここが事務所兼倉庫になっていたんです。祖父は口数は少ないんだけど、茶目っ気がある人でした。それに、近くのお弁当屋さんのお気に入りの弁当以外は食べなかったらしくて、すごくマイペースな人でもありました」

この建物が卸問屋の倉庫だった名残りを感じさせるのは、2階にある床蓋だ。建物の隅っこに、商品を1階から2階へローラーで移動させる運び口があり、その運び口を塞ぐ床蓋の上で興宜さんはよく昼寝をしていた。「お客さんとの日常会話は聞き流すのに、商売に必要な会話は聞き逃さない。そんなエピソードを聞くと、祖父は結構商売人だったんだなと感じますね」と亜弥さんは語る。

「若松薬品」は、1999年に興宜さんの3女・京子さん夫婦が引き継ぎ、営業を続けてきた。だが、ドラッグストアが増えるにつれ、個人経営の薬局は減り、「若松薬品」が取り扱う商品

の量も少なくなってゆく。美術家として活動する亜弥さんは、母校・琉球大学で准教授を務める上村豊さんに手伝ってもらいながら、使われることがなくなった倉庫の2階をアトリエとして整え始めた。それが2008年ごろのことだ。

「小さい時からここに来てますけど、昔の記憶はあんまり残ってないんです」と亜弥さん。「こう話していても、『じいちゃんが働いていた姿って、どんなだっけ?』というのが正直なところなんです。私の記憶には、自宅にいる祖父の姿のほうが鮮明で。でも、ここは間違いなくじいちゃんが働いてきた場所だし、今の自分から見ても面白い建物だったんですよね。だから、2010年に若松薬品の閉店が決まったとき、この建物とお別れするのは嫌だなと思ったんです。自分の中に濃い記憶があれば、思い出の中で完結させてさよならできたかもしれないけど、記憶が薄いからこそ、関わりを持つ時間が欲しいと思ったんです」

亜弥さんは上村さんと建物を借り受け、共同アトリエ「旧・若松薬品」を立ち上げた。制作だけではなく、展示やイベントなども企画・開催して建物を開放することもしてきた。愛着のあるビルではあったが、老朽化などもありアトリエを閉じることを決め、3月6日と7日の2日間、最後の展覧会「若松薬品エピローグ」を開催。祖父は2017年に亡くなったが、この建物に流れてきた時間や、そこに詰まっている記憶を誰かに引き継いでもらうことができたらと、「若松薬品」にゆかりのある品々や、これまで制作されてきた作品などを展示した。

この10年に限っても、界隈の風景は様変わりした。耐震性の問題があるにせよ、街並みがぴかぴかしたものばかりになることに、亜弥さんは焦燥感をおぼえているという。

「新しいものも良いんですけど、どこも同じような街並みになっていくことにつまらなさを感じてもいます。今は新しくても、50年経てば懐かしいものになるんだろうけど、それはまた懐かしさが違うと思うんですよね。日本のように50年単位で風景が変わっていくのは、世界的に見るとスパンが短いほうだと思うんです。50年って、現代だとひとの人生よりも短いですよね。この身体はもっと長いスパンのことを考えられるはずだし、もっと昔のものを活かしていくこともできるんじゃないかと思うんです」

3月28日14時には、建物の外観を記憶に留めてもらえるようにと、亜弥さんもメンバーであるうちなーぐち演劇集団「比嘉座」の無料パフォーマンスがビルの前で上演される（予約不要）。

まちぐゎーの風景は常に変わり続けてきた。ただ、風景が変わってしまったとしても、記憶しておくことはできる。それは深い関わりがあった人に限られた話ではなく、ふと通りかかった人に記憶が引き継がれていくことだってあるのだと思う。「若松薬品」が営業していた時代を、私は知らない。でも、その姿を記憶に残すために、28日のパフォーマンスを観に行こうと思っている。

（2021年3月26日掲載）

2021年度

2021.04〜2022.03

2021年

4月12日	まん延防止等重点措置（そのまま緊急事態宣言へ）
5月23日	4度目の緊急事態宣言。延長が繰り返され、9月30日まで4ヶ月にも及ぶ（全国最長）
7月26日	沖縄・奄美が世界自然遺産に登録
8月6日	東京オリンピック、空手形で喜友名諒が初代王者となり県勢初の快挙
10月頃	軽石が大量漂着。船舶の航行、漁業、観光等に対する被害が発生
12月	公設市場の工期が1年延長になる見通しが発表

2022年

1月9日	まん延防止等重点措置（2月20日に解除）
2月28日	牧志公設市場衣料部・雑貨部が閉場
3月上旬	パラソル通り撤去

タコライスが郷里の味に

赤とんぼ・仲村敏子さん

開南のバス停から、緩やかな坂を下る。「サンライズなは」というアーケード街を進んでゆくと、イエローの外壁が印象的な、こぢんまりとした可愛らしい店が見えてくる。タコスとタコライスの専門店「赤とんぼ」だ。

店主の仲村敏子さんは昭和19年生まれ。西表島で育ち、高校進学を機に石垣島に出る。卒業後は沖縄本島に渡り、ずっと那覇で過ごしてきた。24歳で結婚し、3人のこどもを育てながら仕事を続け、家計を支えてきた敏子さんには夢があった。それは、「いつか小さな店を持ちたい」というものだった。

50代を迎え、子育てが一段落したころに物件を探し始めたところ、知り合いの紹介で今の場所と出合った。わずか2坪の店舗で商売を始めるにあたり、敏子さんが目をつけたのがタコスとタコライスだった。

「私が店を始めたときはね、那覇でタコライスを出す店はほとんどなかったですよ」。敏子さんはそう振り返る。「そのころはまだ、タコライスは中部の食べ物だったから、那覇の人だとタコライスって知らない人も多くて、『何、タコが入ってるの？』って言われてね。那覇でタコライスを出す店がないんだったら、イチかバチかやってみようって、それでこの店を始めたんです。タコスとタコライスを作るだけなら、そんなにスペースも要らないし、ひとりでもできるんじゃないかと思ってね」

タコライスが誕生したのは、1984年のこと。米軍キャンプ・ハンセンのある金武町で「パーラー千里」を創業した儀保松三さんが、円高の煽りを受けて金銭的に余裕のない米兵たちに満腹になってもらおうと考案したのがタコライスだった。

お店を始めるにあたり、敏子さんは中部に足を延ばし、タコライスを食べ歩いた。そうして独自に研究を重ね、お店をオープン。店名は迷うことなく「赤とんぼ」に決めた。

「幼いころ、台風が近いときには、同級生と庭ぼうきを持って赤とんぼを追いかけた思い出があるんですよ。自分が小さいころは、西表に赤とんぼもいたし、水色のシオカラトンボもいたんですよ。当時の記憶というのは、今でもまだ残ってます。海がすぐ目の前にあって、学校があって、すぐ後ろに山があって——もう、海と山しかなかったからね。夕日が沈むのもばっちり見えるし、太陽が上がってくるのもはっきりわかる。あの風景というのが、自分の故郷だなと今でも思うんです。離れてみて初めてわかりますよ。当時の思い出が、今も焼きついてますね」

「赤とんぼ」と暖簾《のれん》を掲げ、お店をオープンしてみると、小さな店舗とはいえひとりで切り盛りするのは大変だった。そんな敏子さんの姿を見かねて手伝ってくれたのが、近所の高校生たちだった。

「オープンしたばかりのころは、何をどうしていいか、自分でもわからなかったんですよ。あの当時はまだ、私ひとりでやっていたから、仕事が手に負えなくて。そのときに――今でも忘れられない、農林高校の生徒たちが手伝ってくれたんです。たまねぎやにんにくの皮を剝いたりしてね。おばさん、おばさんって毎日学校帰りに来てくれた。あの子たちが私のお店の第1期生です」

お客さんとしてお店を支えてくれたのもまた、高校生たちだった。那覇ではまだタコライスが物珍しく、大人のお客さんは少なかったけれど、高校生たちがお昼休みや学校帰りに立ち寄ってくれた。

「昔はもう、手に負えないようなこどもたちもいっぱいいましたよ」と敏子さんは笑う。「タバコを吸う子や、唾をぺっぺと出す子もいたけど、そういう子にはティッシュペーパーの箱を投げて、きれいに掃除させてました。この通りはゲームセンターもあったから、じんせびりっていうの、お金をせびるこどももいたんです。うちで買い物した子の後を追って、肩を組んで

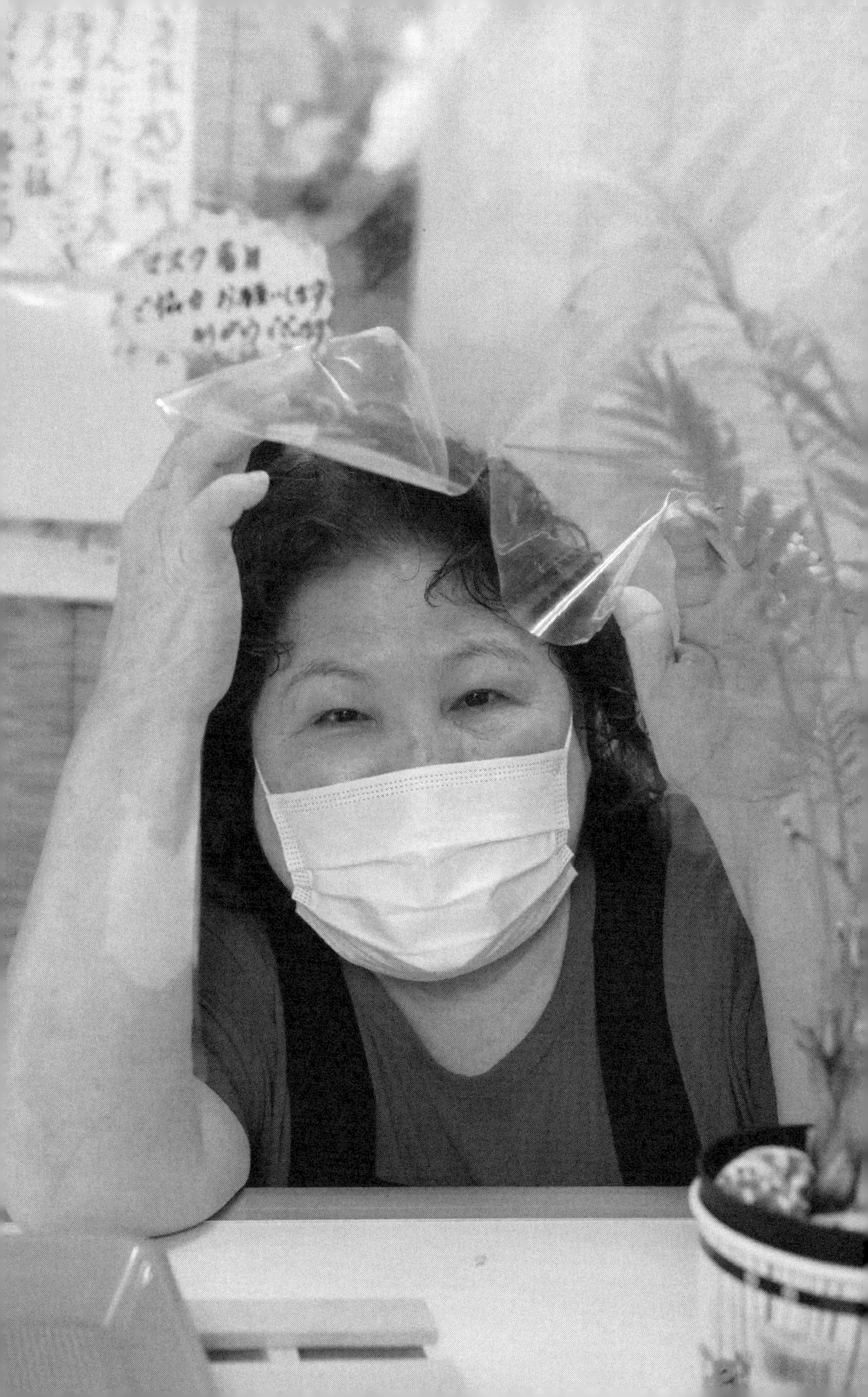

タコス
タコライス
赤とんぼ
タコライスの店
赤とんぼ
tacos
tacos

すーじぐゎーに連れて行く悪い子たちもいてね。そういうのが見えると、私も後を追って、『その子はおばちゃんのいとこだけど、なんか用事あるの？』って追い払ったりしてましたよ」

ただ、一見すると手に負えないこどもたちも、「家庭環境に問題があるだけで、本当は素直な子だったんですよ」と敏子さんは振り返る。「私自身、親の援助は受けないで、自分で働いて学校を出てきたから、そういう子たちの気持ちが痛いほどわかるんです」

当時に比べると、サンライズなはの風景もずいぶん穏やかになった。昔は開南のバス停を起点にして人が行き交っていたが、２００３年にゆいレールが開通したことで流れが変わり、人通りは少なくなった。それでも敏子さんは、「こどもたちが気軽に立ち寄れる場所を残したい」と、営業を続けてきた。広告を出したことは一度もないが、口コミで評判が広がり、ここを目指してまちぐゎーに足を運ぶお客さんもいる。人気の秘訣は、やはり味だ。とにかく新鮮な食材にこだわり、ソースも自家製だ。

当初はひとりで切り盛りしていたが、今では長男と長女もお店を手伝うようになった。「赤とんぼ」の味はこどもたちに引き継がれているけれど、「引退するとボケちゃうから、今でも店に来てるんです」と敏子さんは笑う。「ここに立っていると、ちょっとしたことでお客さんとのコミュニケーションが深まるし、面白いですよ。それが楽しくて、だからやめられないんです」

「赤とんぼ」には窓があり、そこが注文口となっている。窓のサッシには小さなメッセージカードがいくつか貼られており、お客さんへの感謝の思いが綴られている。「忙しい時だと、直接気持ちを伝えられないから」と、敏子さんが暇を見つけて書き、貼り出しているのだという。タコライスを待ちながら、メッセージカードを読んでいると、忙しい時間の隙間を縫って文字を綴る敏子さんの姿が思い浮かび、胸がいっぱいになる。

（2021年4月23日掲載）

安くてジョートーの精神

OKINAWA VINTAGE・李宗遠さん

ここ最近、サンライズなは商店街に若者の姿が増えている。近年はまちぐゎー離れが指摘されてきたなかで、その姿は明るい兆しだった。若者が吸い込まれるように入っていくのは、「OKINAWA VINTAGE」という古着屋だった。

オーナーの李宗遠さん（39歳）は韓国・釜山生まれ。李さんが古着を扱う仕事を始めるきっかけは、ホームステイでオーストラリアのパースという街に滞在したことだった。

「パースはすごく自然豊かな街で、環境を守ろうという動きが盛んなところだったんですね。そこで知り合った友達が、古着屋でアルバイトしていたんです。古着はファッションでもありますけど、それと同時にリサイクル産業でもある。僕も洋服は好きだし、自然を守るのはすごく大事なことだと思ったので、自分も古着にかかわる仕事をしたいと思うようになったんです」

李さんはオーストラリアのリサイクルショップで働きながら、商品として古着を扱うノウハウを身につけてゆく。オーストラリアと韓国、日本と、国によって流行や好みが違うけれど、世界を股にかけて商品を回せば仕事が軌道に乗るのではないかと、「デニムハウス」という屋号で古着卸の仕事を始める。古着卸の仕事は人脈が物を言う世界でもあり、最初のうちは苦労も絶えなかった。日本で仕事をするようになってからは、国籍を理由に心ない言葉を浴びせられることもあった。それでも仕事を続けることができたのは、ひとえに「家族のため」だと李さんは語る。

古着の仕事と出合ったパースでは、もうひとつ出会いがあった。

パースで暮らしていたある日、李さんはひとりの女性と知り合った。山梨県出身の羽田有香子さんだ。ふたりは結婚し、子育てをしながら、東京を拠点に暮らし始める。仕事も軌道に乗り、2013年には「デニムハウス」を法人化した。そんな李さんが沖縄で古着屋を始めるきっかけとなったのは家族旅行だった。

「韓国で沖縄は『アジアのハワイ』呼ばれていて、すごく良いイメージがあるんですね。家族旅行で来てみたら、最高に素晴らしいところで、将来ここに移住したいと、もう最初から思ったんです。僕が生まれた釜山も、昔は今のように都会ではなくて、のんびりした港町だったから、いつか自然豊かなところで暮らしたいと思っていたんです」

念願が叶い、沖縄へ移り住んだのは、2019年の年末だった。移住を機に、李さんは沖縄で倉庫を借りることに決めた。取引先には台湾の業者も多く、沖縄に倉庫があれば商談にも都

合がよかった。無事に物件の契約を済ませ、ホッとしたのも束の間、新型コロナウイルス感染症が流行し始めたことで、台湾からお客さんが商談にくることはできなくなってしまった。

「コロナが流行し始めたときに、『これはいくら待っていても先は見えないだろうな』と思ったんです」。李さんはそう振り返る。すぐに頭を切り替えて、倉庫として使うつもりだった場所で古着屋を始めることに決めた。その物件というのは、2019年9月に惜しまれつつ閉店したゲームセンター「ゲームインナハⅡ」だ。

「最初に物件を見にきたときは、内装にもゲームセンターだった名残りが感じられたんです」と李さん。「皆さんに愛されていたゲームセンターだったことを考えると、この古さを残したほうがいいんじゃないかと思って、『ゲームセンターの看板をそのまま残してもいいですか？』と大家さんに確認したんですね。そこで『ああ、使ってもらえたら嬉しいよ』と言ってもらえたので、ゲームセンターの看板を残したまま古着屋を始めました」

オープンに漕ぎ着けたのは、最初の緊急事態宣言による休業要請が取り下げられたあと、2020年5月16日のこと。最初の数ヶ月は閑古鳥が鳴く日が続いたが、次第に口コミで評判が広まり、お客さんが増えてゆく。

「うちはもともと卸の会社なので、金額的にはどこよりも強みを持っていると思うんです」と李さんは語る。店内に並ぶ商品の値札を確認すると、1580円や1980円と、高校生でも手を伸ばしやすい手頃な値段が目につく。〝安くてジョートー〟をコンセプトに営業を続け、開店から1年経った今では若者で賑わうお店になった。

「この1年というのは、変化しないといけないなってことを感じた1年でした。商売のやりかたもそうですけど、ウイルスの影響で人との距離感も変わってきたなかで、これからのことをすごく考えましたね。『これからはネットビジネスが伸びる』という意見もあって、それも確かなことだと思うんですけど、こんな時代だからこそ、オフラインの魅力があると思うんです」

李さんの語る「オフラインの魅力」を、この一年で多くの人が痛感したはずだ。実際に手に取って、商品を選ぶ。今まで当たり前のように繰り返してきたことが、どれだけかけがえのないことだったたか。

コロナ以前から、まちぐゎーには少しずつ空き店舗が増えつつあった。サンライズなは商店街でも、閉店してシャッターを下ろしたままになっている建物が増えた。そうした場所にたむろしてお酒を飲む人たちが増えたことで、「座込禁止」の貼り紙をあちこちで見かけるようにもなった。

「ここは歴史ある通りだから、自分たちが新しくお店を始めることで、ちょっとでも人の流れが増えるといいなと思っているんです」と李さんは語る。5月21日には、同じくサンライズなは商店街にあった老舗衣料品店「とみや」の跡地を借り受け、2店舗目となる古着屋「AWE

SOME」もオープンさせた。
古来より沖縄には、様々な土地からひとびとが渡来し、次々と新しい文化が持ち込まれてきた。昔ながらの伝統と新しい潮流とが混ざり合い、変化を重ねながら那覇の街は発展してきた。何十年と続いた老舗が姿を消すのはとても寂しいことではあるけれど、空き店舗を利用して新しい流れが生まれ、街は賑わいを取り戻しつつある。今年で市政100周年を迎えた那覇の街は、これからも変わり続けてゆくだろう。その変化を、つぶさに見届けたい。

（2021年5月28日掲載）

今に息づくカミアチネー

魚友・平良晴さん

ある日の夕暮れ時。まちぐゎーをぶらついていると、台車を押して魚を売り歩く人と出会った。氷を敷き詰めた発泡スチロールの箱に、お刺身の盛り合わせとお寿司が並んでいる。聞けば、これから知り合いの飲食店を巡り、鮮魚の出張販売に出かけるところだという。台車を押していたのは、「魚友」の平良晴さん（33歳）である。

「魚友」を創業したのは、晴さんの父・友二さん（62歳）。那覇に生まれ育った友二さんは、「節子鮮魚店」で働いたのち、32歳で独立。自身の名前から一字取って「魚友」と看板を掲げ、松尾二丁目中央市場に店を構えた。

小さい頃から父が働く姿を見ていた晴さんだが、お店を継ぐことはまったく考えていなかったという。晴さんが夢中になっていたのは音楽。ミュージシャンとして活動しながら、アルバイトをして暮らしていた。ある日、「店が忙しくなってきたから、手伝ってもらえないか」と父に頼まれ、「魚友」で働くようになる。以前は卸を中心に営業していたが、２０１３年５月

(有)オ
魚寿司
魚友
刺身盛り合わせ 500
にぎり寿司 8ヶ 600
THING SMALL
SEEING FROM
SPEACE.
OKINAWA UOTOMO.

に現在の建物に移転したことをきっかけに、晴さんは「バル 晴ヤ」と看板を掲げ、軒先で生牡蠣やお刺身をツマミにお酒を提供し始めた。

「最初はもう、安易な考えで始めたんです」と晴さんは笑う。「自分はお酒が好きなんですけど、毎日飲みに行くとお金が持たないなと思ったんですね。だったら自分でお店をやって、そこに友達を呼ぼう、と（笑）。最初のうちは知り合いだけだったんですけど、目の前に公設市場があったから、観光のお客さんが入ってくれるようになって、少しずつメニューも増やしたんです」

昼間は観光客、夜は地元客で賑わっていた「魚友」だったが、向かいにある第一牧志公設市場が2019年6月に一時閉場を迎えたことで、状況は一変した。

「公設市場の建て替えが決まったときは、『昔から見慣れている建物がなくなるのは寂しい』とは思ってたんですけど、お店に影響が出るとは思っていなかったんです。でも、公設市場が仮設に移転すると、店の前を歩く人が減って、これはヤバいなと焦りました。ただ、うちは軒先にテーブルを3つ並べて営業してるだけだから、まだ影響は少なかったほうだと思います」

「魚友」があるのは、旧・公設市場から仮設市場への通り道だということもあって、一時閉場後もそれなりに人通りはあった。だが、去年の春に新型コロナウイルスの感染が拡大し始めると、まちぐゎーは静まり返った。魚を卸している飲食店も休業や短縮営業に切り替えているお店が多く、売り上げも激減。それでもどうにか営業を続けてきたところに、先月23日、再び緊急事態宣言が発出された。

「売り上げ的には前回の緊急事態宣言と同じくらいの下がり方ですけど、精神的には今のほうがキツいですね」と晴さんはつぶやく。「最初の緊急事態宣言で『飲食店の営業は20時まで』と言われたときは、それじゃ仕事にならないよと思ってたんですけど、段々それにも慣れてきて、今の状況に対応しながら営業してるお店が多かったと思うんです。これ以上悪くなることはないと思っていたら、お酒の提供も駄目だと言われると、今度こそ何もできないな、と」

今回の緊急事態宣言がこれまでと異なるのは、酒類の提供停止が「要請」されたことだ。お酒を出さずに営業を続ける選択肢もあったが、「お酒が飲めないんだったら」と帰ってしまうお客さんも少なくなかった。緊急事態宣言が発出されてからは、テイクアウトに絞って営業しているものの、まちぐゎーを行き交う人は少なく、売れ行きは芳しくなかった。そんなときに、営業を続けている飲食店の店主から、「うちに出張販売にきたら?」と声をかけられた。

「この界隈の飲食店は、『皆で盛り上げていこう』ってタイプの人が多いんです。自分のお店のお客さんに、どこか別のお店を紹介することもあるし、お店同士でコラボしたメニューを出すこともある。『ちょっと人手が足りないから、ヘルプで入ってもらえないか』と頼まれたら、ただ皿洗いしに行ってるだけなのに、『今日はここのお店とコラボしてます』と宣伝したり

（笑）。そうやってちょっとイベントっぽく盛り上げることで、お客さんが遊びにきてくれることもあるんです」

出張販売にこないかと誘われたとき、思い浮かんだのはカミアチネーする女性たちの姿だった。晴さんは糸満育ちで、昔は頭上にバーキを載せ、魚を行商《カミアチネー》する女性たちがいたのだと、小さい頃から話を聞かされていた。そのエピソードにヒントを得て、月曜と火曜の2日間、夕方から市場界隈にある知り合いの飲食店を巡り、売り歩きを始めた。売れ行きは上々で、1時間と経たないうちに用意したセットが完売した。

市場の建て替え工事にコロナ禍と、まちぐゎーに逆風が吹き続けている。さらに、「魚友」のある松尾東線に設置されていた仮設アーケードは、6月7日から撤去工事が始まっている。緊急事態宣言が取り下げられても、以前のようにアーケードに守られた場所にテーブルを並べることはできなくなった。移転も頭の片隅に浮かんだが、「那覇のど真ん中というこの立地で商売が成り立たないんだったら、どこに行っても難しいかもな」と思い直した。コロナ禍が明けて、自由にお酒が飲める日を願いながら、晴さんは魚を売り歩いている。

（2021年6月25日掲載）

365日を支えるお菓子

松原屋製菓・眞喜志のり子さん

国際通りを背に、市場本通りに入る。アーケードの下を進んでゆくと、「もちのやまや」、「外間製菓」、「お菓子のオナガ」と、お菓子屋さんの看板をいくつも見かける。

「このあたりは昔、お菓子通りだったんです」。そう教えてくれたのは、「松原屋製菓」の眞喜志のり子さん（49歳）。昔は今よりお菓子屋さんが多く、向かいに5軒も並んでいたという。お菓子屋さんに限らず、果物屋さんに鰹節屋さんなど、行事に欠かせない品物を扱う店がひしめき合っていた。

「松原屋製菓」を創業したのは、宮古島出身の松原ヨノシさん。のり子さんの祖母にあたる女性だ。戦後間もないころ、ヨノシさんは那覇市樋川に店を構え、黒糖飴を作り始める。これを販売するのはヨノシさんの長女・ミヨ子さんの仕事で、10代の頃からまちぐゎーを巡り、黒糖飴を売り歩いていた。ミヨ子さんは24歳で中山武光さんと結婚すると、現在の場所に店を移し、2階はお菓子の工場、1階はお菓子うりば兼食堂として営業を始める。何年かすると食堂は畳

松原屋製菓
ばななけーき
べにいもタルト
バタークリーム
ケーキ
¥275
タンナファクルー
¥50
マーブルケーキ
いも菓子

んだものの、その時代の名残りで、壁にはメニュー表が貼られたままになっていたという。値段の表記はドルだった。

「その時代には、合格発表の時期も忙しかったんです」とのり子さん。「今はそういうお客さんは少なくなりましたけど、合格発表のお祝いに、カステラや紅白まんじゅう、紅白餅を注文される方も多かったですね。あとは、やっぱり行事や法事のときにお供えするお餅とお菓子ですね。行事ごとの時期になると、『市場にくるとお供物が揃うね』と言ってくださる方も多くて、ありがたいです」

「松原屋製菓」は家族で切り盛りしてきたお店だ。繁忙期には家族全員で手伝っても追いつかず、親戚も総出でお菓子を売ってきた。8名きょうだいの末っ子にあたるのり子さんも、放課後に友達と遊ぶこともなく、まっすぐ帰宅して店を手伝ってきた。高校受験がお彼岸の時期と重なり、受験前日まで店で働き、担任の先生に怒られたこともある。「当たり前かのようにずっとここで働いてきたから、外の世界はわからないです」とのり子さんは笑う。

父・武光さんは多くの従業員を住み込みで雇い、工場長として働いた。店頭販売を仕切るのが母・ミヨ子さんで、とにかく仕事に厳しい人だった。

「お母さんはもう、『お店が休みをとるなんて』って、怖かったですよ。『いつ何時お供え物が必要になるかわからないのに、誰かがお菓子を買えなかったら大変だ』と、年中無休で働いてました。だから私も、20代のときは休みとかなかったです。30代になったあたりから、誰かが交代で休みをとるようになりましたけど、休日に遅くまで寝ていたら『お前は病人か』と怒られましたね」

夏休みに入ると観光客が増え、サーターアンダギーの売り上げが伸びる。1日で1000個以上売れる日も珍しくなかった。昔は白砂糖とカボチャ味だけだったサーターアンダギーも、現在では10種類近く並べている。8月に入ると旧盆があり、9月にはお彼岸と、4月のシーミーの時期までは繁忙期が続く。つまり、例年であればこの季節に「松原屋製菓」で話を聞かせてもらう余裕はなかったはずだが、コロナ禍の影響で観光客も少なくなり、落ち着いた状況が続いている。

「公設市場が建て替えになるときも、心配はしたんです。でも、うちは仮設市場に向かう曲がり角にあるから、あんまり影響なかったんですよ。でも、コロナで一気に変わって、観光客だけじゃなくて、お供物を買いにくる方もいなくなりました。去年はシーミーも自粛、お盆も自粛って言われて、買いにくる方はほとんどいなかったです。今年は戻るかと思っていたんですけど、ウークイの日まで緊急事態宣言だというから、今年も静かでしょうね」

「松原屋製菓」は以前、朝9時から夜9時まで営業していた。界隈にせんべろの店が増えたこともあり、一杯飲んだ帰り道にお菓子を買っていくお客さんも多かったという。でも、今では夕方になるとほとんどの店がシャッターを下ろし、夜の人通りは極端に減った。今は営業時間を午後3時までに短縮し、定休日も設けている。

「まわりのお菓子屋さんだと、日曜や月曜がお休みのところが多いので、うちは水曜日を定休日にしました。全部が一気に休んでしまって、どこも営業していないとなると、『市場に行ってもお菓子が買えなかった』となりますよね。そうするとお客さんがいなくなっちゃうから、うちは水曜日に休むことにしたんです。お母さんがいた頃は、定休日を作るなんて、考えられなかったですね」

2代目や3代目の店主に昔の思い出を聞かせてもらっていると、「両親は仕事が忙しくて構ってもらえなかったから、まちぐゎーに育てられたようなものです」という話をよく耳にする。そういったエピソードを、私はどこか昔話として聞いていたように思う。

ただ、コロナ禍となり、まちぐゎーを行き交う観光客や買い物客が減ったことで、小学生の姿が目に留まるようになった。ある日、朝の市場本通りを歩いていると、開店準備を進めるお店に小学生が立ち寄り、「おはようございます！」と元気よく挨拶をしながら登校する姿を見かけた。

「それ、うちの子だと思います」と、のり子さんは気恥ずかしそうに言う。「うちの子も、私がここで働いているあいだは、どこかのお店に行って遊んでいるから、市場に育てられてますね。昔は〝一銭まちや〟と呼ばれる駄菓子屋さんもあって、私もそういうとこで遊んでいたんです。今はこの通りに『おきなわ屋』さんができて、そこはくじ引きがあるんですけど、娘が行きたいって騒ぐんです。そこは10円、20円のお菓子も売っているから、ひとりでおつかいする勉強になるかと思って、50円持って遊びに行かせてます」

〝県民の台所〟と呼ばれた市場界隈は、買い物客にとって生活を支える場所だった。界隈で働く店主とその家族にとっても、そこは生活を営む場であり、かつては銭湯もあったと聞く。風景は移り変わり、観光客向けのお店が増えた今でも、まちぐゎーは生活の場であり続けている。

（２０２１年7月23日掲載）

取材後、営業時間を元に戻し、夕方5時過ぎまで営業されています。

琉球料理は鰹節とともに

松本商店・松本司さん

市場には土地の匂いがある。その匂いは、地元客にはどこか懐かしく、観光客には物珍しく感じられる。那覇のまちぐゎーにも、いろんな匂いが折り重なっている。そのひとつは鰹節の匂いだ。

「生まれたときから、この鰹節の匂いに包まれてました」。そう話してくれたのは、「松本商店」の2代目・松本司さん（49歳）。司さんが生まれた1972年は、沖縄復帰の年であり、旧・第一牧志公設市場が完成した年でもある。

「松本商店」の創業者は、司さんの母・あき子さん（84歳）。昭和11年生まれのあき子さんは、まちぐゎーにあった乾物屋「発田商店」で働いていた。1961年、宮崎県出身の店主から経営を引き継ぎ、「松本商店」として独立。鰹節を中心に、さまざまな乾物を取り扱ってきた。

「沖縄料理のベースは鰹出汁ですので、沖縄は鰹節の消費量が多いんです」と司さんが教えてくれる。総務省の家計調査によると、那覇市の鰹節消費量は全国平均の3倍にのぼる。

鰹節を作るにはまず、燻《いぶ》って乾燥させる。焙乾と呼ばれるこの工程を1ヶ月ほど重ねると、「荒節」が出来上がる。スーパーなどで市販されている削り節の多くは、この荒節を削ったものだ。

荒節は、煙で燻した名残りで、表面は黒く焦げたような色をしている。荒節の表面をきれいに削ると「裸節」となり、裸節にカビづけすると「枯節」になる。長期間にわたってカビづけを繰り返したものは「本枯節」と呼ばれ、香りがマイルドになるが、熟成に手間がかかるぶんだけ高価になる。沖縄では強い風味が好まれることもあり、「松本商店」は昔から裸節を扱ってきた。

「枯節と違って、裸節は燻した匂いがするんです」と司さん。「沖縄だと、いろんな料理に鰹出汁を使うから、消費量が多くなる。昔は鰹節を削るのはこどもの仕事でしたけど、今のこどもは削ってくれないですよね。だからうちのお客さんも、自分で鰹節を選んで、削りたての鰹節を買って帰られる方がほとんどです」

削った鰹節は、冷蔵庫に入れておけば2、3ヶ月は持つという。冷蔵庫が普及したことで、毎日削らなくても済むようになったことも、この数十年の大きな変化だろう。

司さんが生まれた当時、「松本商店」は松尾19号線沿いに店を構えていた。店舗の上が住居になっていたこともあり、司さんは小さい頃から両親の働く姿を見て育った。

「うちの両親は、朝の8時過ぎには店を開けて、ほとんど年中無休で働いてました。休みはお盆が明けた翌日と、正月の3日間だけ。お盆と正月前はすごい人出で、まっすぐ歩けない状態でした。お客さんが途切れないものだから、うちの店も日付が変わる頃まで営業してました」

お盆と正月が近づくと、まちぐゎーは食材を買い求める地元客で賑わってきた。だが、昔ながらの伝統行事にも、コロナ禍が大きな影を落としている。

「今年のお盆は、去年よりはマシだろうと思っていたんです。でも、感染爆発で、去年よりさらに厳しい状況ですね。今年も県から『旧盆中の親戚訪問控えて』と呼びかけられたこともあって、お盆も家族だけで済ませる方が多かったので、鰹節の注文も相当減りました」

県外出身の私は、コロナ禍を経験したことで、沖縄におけるお盆の意味を初めて理解できた気がする。

お盆はご先祖様をお迎えする行事だ。先祖崇拝の強い沖縄では、お盆には親戚一同が集まり、お仏壇に重箱料理をお供えしたあと、「ウサンデー」する。仏壇から下げた重箱料理を、親戚一同で平らげるのだ。スーパーが県内各地に普及した時代に、わざわざ公設市場まで足を運んで食材を買い求めるのは、ご先祖様にジョートーな食材をお供えすることが主な目的なのだろうと思い込んでいた。

「お盆とお正月に鰹節が売れるのは、重箱料理を作るだけじゃなくて、訪ねてきた人をおもてなしするからなんです」。司さんはそう教えてくれた。「親戚のおじい、おばあにつかまると、『これ食べなさい、あれ食べなさい』と、カメーカメー攻撃にあう。でも、お盆に訪ねてくる人がいなくなれば、料理の準備も必要ないでしょう。それからもうひとつ、お盆と正月前に忙しくなるのは、お中元やお歳暮が売れるからなんです。でも、お盆に各家庭をまわれなくなって、お中元の注文も少なくなったんです」

私の郷里では、お中元は郵送するものだったから、お盆に親戚と顔を合わせる機会も少なかった。でも、沖縄におけるお盆は、死者に思いを馳せる行事であるのと同時に、現在を生きるわたしたちが顔を合わせるための行事でもある。そんな大切な行事が、2年連続で自粛を余儀なくされた。買い物客が激減した状況下でも、「もしも常連のお客さんが買い物にきたときに、鰹節を提供できるように」と、「松本商店」は営業を続けてきた。

この数十年のあいだに、県内各地にスーパーマーケットやショッピングモールが次々オープンしたことで、まちぐゎーまで買い物にくる地元客は少なくなった。それと入れ替わるように、1990年代からは観光客が増え始めて、2010年代に入るとインバウンドの海外からの旅行客が急増した。

「うちの店も、ここ数年はインバウンドのバブルだったと思います」。司さんは振り返る。「でも、これから先のことを考えると、観光だけじゃなく、地元の若いお客さんにも楽しんでもらえる市場になるといいなと思っています」

「松本商店」では、鰹節で出汁をとったことがない若者にも気軽に利用してもらえるようにと、お湯に溶かすだけで使える粉末出汁や、ツマミになる「食べる鰹節」といった新商品も開発した。曲がり角に立つまちぐゎーで、「松本商店」は新しい時代を見据えた取り組みに力を注いでいる。

（2021年8月27日掲載）

ッセイスト、
などによる
¥580
汁物、和え物、炒め物など色々な用途に使えます
天然だし
血抜き鰹節粉
電話098-863-2889 松本商店
汁物、和え物、炒め物など色々な用途に使えます
天然だし
鰹節粉
電話098-863-2889 松本商店
やみつきカツオ
生ハムのような
食べる鰹節

祖国の食を那覇に届ける

カリーム・ワークス　ディマス・プラディさん

韓国、中国、ヴェトナム、ネパール。那覇にはアジア各国の食材を扱う店がある。そのラインナップに、インドネシア食材店が加わった。新天地市場通りにほど近い路地に佇む「カリーム・ワークス」だ。

店主のディマス・プラディさん（32歳）は1989年、インドネシアのスマトラ島生まれ。曽祖父の金五郎さんは日本兵としてインドネシアに渡り、終戦後は独立を目指す義勇軍の兵士とともに戦った。日系4世のディマスさんは、中学3年で静岡県浜松市に移り住んだ。

「日本にきたときは、カルチャーショックを受けました」。ディマスさんは振り返る。「インドネシアでは、午後になると庭に出て、家族と一緒に過ごしたり、近所の人と話したりするのが普通だったんです。でも、日本にきてからは大人も忙しそうにしてるし、こどもは塾や部活があって、誰もいない。それに、日本の中学校に入って初めて言われたのも、『おはよう』でも『初めまして』でもなく、『黒いね』だったんです。どういう意味だろうと思って電子辞書で調べたら、『ＢＬＡＣＫ』と出てきて。それはそれで良い刺激になって、１年間日本語を勉強して、普通科の高校に入りました」

やがて大学生になったディマスさんは、「もっと日本のことを知りたい」と思い立ち、多文化共生をテーマのひとつに掲げるＮＰＯにかかわるようになる。そこで沖縄県出身の女性と出会い、結婚。２０１１年には浜松でコミュニティカフェ「チャンプル」をオープンする。こどもが生まれたのを機に、２０１７年に妻の郷里である沖縄に引っ越した。

「沖縄にきてからは、具志川の職業能力開発校に通って、デザインの仕事をしていました。ただ、ムスリムとして働きづらさを感じていて。その当時、西原にあるモスクにお祈りに行くと、技能実習生として働いているインドネシアの子たちがいたんですね。話を聞くと、インドネシアの食材が手に入らなくて困っているという子がたくさんいたので、『ああ、じゃあ移動販売を始めよう』と思い立って、会社を辞めて今の仕事を始めたんです」

こうしてディマスさんは、２０１９年１月、食材の移動販売を始めた。父はレストランを経営しており、父の仕事を手伝っていた時期もあるディマスさんは、食材を輸入するノウハウにも通じていた。

「本土では、インドネシアの食材は普通に買えるんです。でも、それまで沖縄では扱っているお店がなかった。なぜかというと、ひとつは流通の問題で、本土から沖縄に輸送するコストが

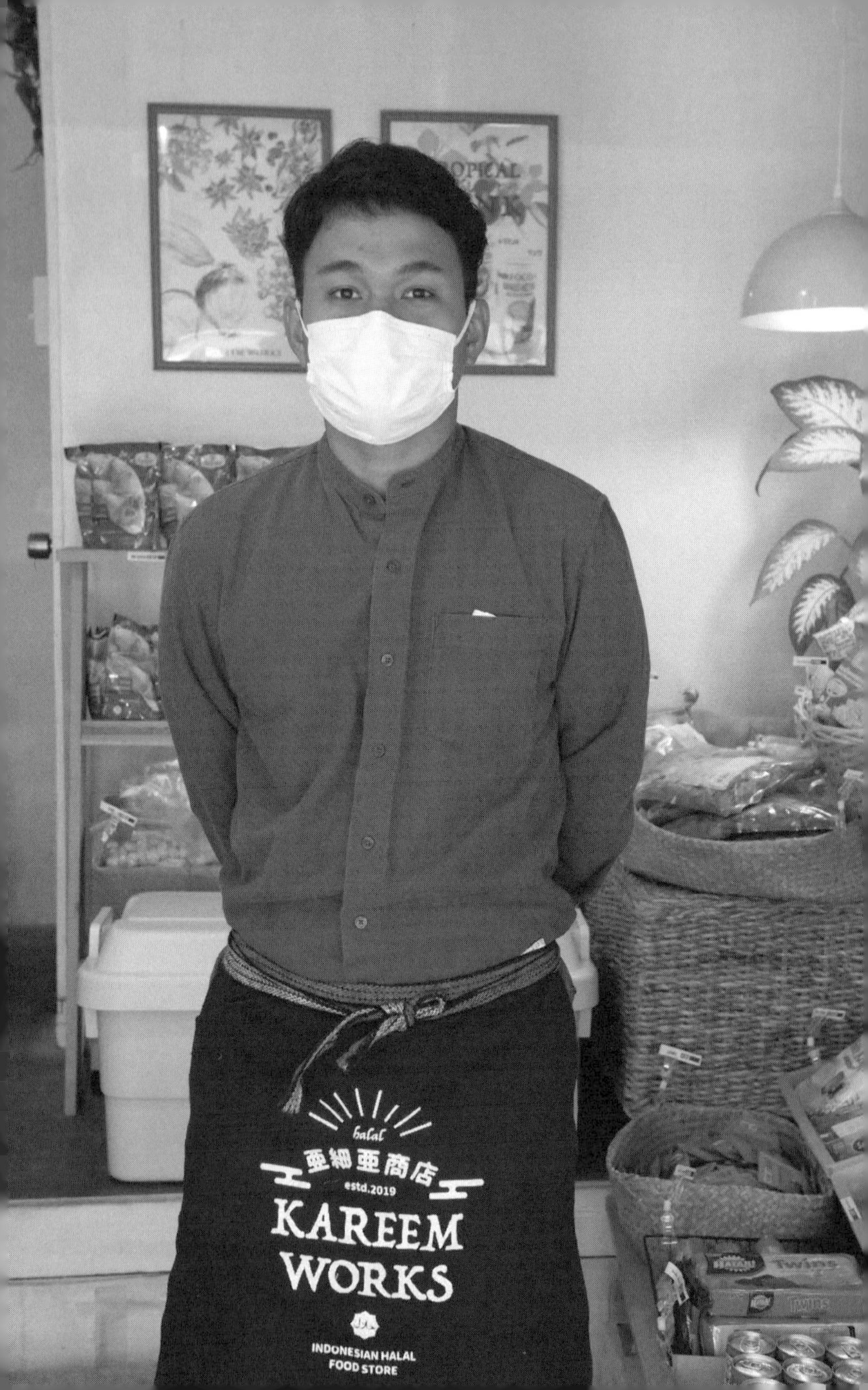
halal
亜細亜商店
estd.2019
KAREEM
WORKS
INDONESIAN HALAL
FOOD STORE

とても高いんです。もうひとつ、本土だと日系人や移住してきた外国人のコミュニティが各地にあるんですけど、沖縄だと定住者は少なくて、技能実習生が多いんですね。漁師として10年、20年と働いているインドネシア人も〝いゆまち〟に大勢いるんですけど、船に乗っている時間が長くて、沖縄のことを全然知らずに過ごしている。だから沖縄でインドネシア人に向けて商売をする人がいなかったんだと思います」

インドネシアから沖縄に移り住んだ人たちは、コミュニティを持てないまま孤立して過ごしていた。そこでディマスさんは、Ｆａｃｅｂｏｏｋなどを活用し、インターネットで注文を募って移動販売を始めた。屋号にある「カリーム」とは、アラビア語で「優しい」を意味する。買い手よし、売り手よし、世間よしの「三方よし」の商売をしようと、この名前をつけた。

一番人気の商品は「ミースダップ」というインスタントヌードル。移動販売を始めた当初は送料を補うために２５０円で販売していた。日本製品と比べると割高になるが、郷里の味を求める人たちには好評だった。ディマスさんは工夫を重ね、「ミースダップ」も現在では１１０円で販売できるようになった。

移動販売で扱う量が増えるにつれ、自宅では在庫を抱えきれなくなり、２０２１年3月15日に現在の場所に店舗を構えた。沖縄各地に暮らしているインドネシア人の技能実習生たちも、給料日になれば那覇に出て、国際通りを歩く写真をＦａｃｅｂｏｏｋにアップしていた。その様子を見て、那覇に店を構えれば足を運んでもらえるだろうと、現在の場所で出店することを決断した。この半年、ヒジャブをまとった女性をまちぐゎーで見かける機会が増えたのも、「カリーム・ワークス」がオープンした影響なのだろう。

「本土に比べると、沖縄は外国人に対してウェルカムな空気を感じるんです」とディマスさん。「ただ、それでもまだ、扱い方が不適当だなと感じることもあります。特に技能実習生に対しては、育成するべき人材じゃなくて、コストと見做しているような気がするんですけど、それはもう時代遅れだと思うんです」

移動販売の仕事をしていると、広々とした畑の中にぽつんとコンテナハウスが置かれており、そこで暮らしている技能実習生たちと出会ったこともあった。孤立を余儀なくされている人は、数えきれないほどいる。沖縄県は多文化共生社会の構築を掲げているが、見えない存在のように扱われている人がたくさんいるのだと、「カリーム・ワークス」を通じて知らされた。

インドネシア出身の人たちが、コミュニティの中で暮らせるように。ディマスさんの場所作りは始まったばかりだ。

（２０２１年10月22日掲載）

人々に寄り添った形で営業すべく、「カリーム・ワークス」は現在、移動販売のお店として営業されています。

HANDLE WITH CARE
NET WT. 8 KGS.
CONTAINS 200G. x 40BAGS
24 TINS
PRODUCT OF THAILAND
24 TINS
PRODUCT OF THAILAND
PRODUCT OF THAILAN
INDOMILK
Sedaap
BUMBU PECEL
Sedaap Cup
Soto

胃袋を支える市場の食堂

丸安そば・仲里亨さん

戦後の那覇には、市場がいくつか存在した。そのひとつが農連市場である。戦後の闇市を起源に持ち、1953年に「農連中央市場」として整備された、農家が野菜や果物を直接販売できる市場だ。牧志公設市場と並び、〝県民の台所〟として広く親しまれてきたが、再開発によって解体され、2017年11月に「のうれんプラザ」に生まれ変わった。この1階に、「丸安そば」の暖簾が掲げられている。

創業は1973年。農連市場にほど近い場所で、屋台のような建物で「丸安そば」は出発した。時代が昭和から平成に変わる頃に一度閉店し、売りに出されたところを、「丸安そば」に肉を卸していた「仲里食肉」の店主・仲里悦雄さん(78歳)が経営を引き継いだ。現在は悦雄さんの3男・亨さん(42歳)が店主として切り盛りしている。

「丸安そばは、24時間営業の店だったんです。近くに農連市場もあれば飲み屋街もあって、24時間温かいものが食べられる、コンビニ感覚で寄ってもらえる店だったと思うんです。タクシーの運転手さんも、パッと車を停めて、すぐ食べられる。安い・早い・うまいの三拍子揃っていて、地元のお客さんに愛されるお店だったのを、父が引き継いだんです」

1979年生まれの亭さんは、父が「丸安そば」を引き継いだ当時小学生だった。当たり前のようにお店の手伝いをすることになり、皿洗いをすることもあれば、精肉店から「丸安そば」まで肉を担いで歩くこともあった。ただ、精肉店や「丸安そば」を継ぐことはまったく考えていなかったという。

「あの頃は、とにかく家から逃げたかった」と亭さんは笑う。「高校生のとき、学校に県外に就職したい人に向けたパンフレットがあって、先生から『説明会に行ってみるね？』と聞かれたから、『行く』って答えたんです。でも——自分が高校を卒業したのは1998年ですけど、その頃は公設市場にも仲里食肉の店舗を出していて、店が忙しかったんですよ。年末になると夜中になっても仕事が終わらん状況だったので、結局自分も精肉店を手伝うことになったんです」

父・悦雄さんは息子たちに精肉店を任せ、「丸安そば」を切り盛りしていた。地元客に愛されていた「丸安そば」は、次第に評判が広まり、全国からお客さんが詰め掛けるようになった。あまりの忙しさに人手が足りなくなり、24時間営業を続けるのは難しくなり、店を閉じる時間が生じるようになった。亭さんのもとにも心配の声が寄せられるようになり、精肉店を離れて

「丸安そば」を手伝うことに決めた。それが10年ほど前のことだ。

「最初のうちは、『そばだけ売っておけ』と親父に言われて、店番するようになったんです」と亨さん。「丸安そば」のメニューはそばだけでなく、チャンプルーやチャンポン、中味汁にいなむるち、さらにはハヤシライスまで、幅広いメニューを誇る食堂だった。「ただ、そばだけ売っていても、『なんでチャンポンが作れないのか』と言われるんですよ。『そばしかないなら帰る』と言われることもありましたね。そのうちこっちも火がついて、だったら作ってやろうと、親父や夜勤のおばさんに教わりながら、そば以外も出すようになって、お客さんの反応を見ながら料理を覚えました。だから僕は、お客さんに育てられたようなものです」

沖縄のチャンポンは、麺料理ではなく、ごはんの上に野菜炒めの卵とじをのせた料理だ。味付け以上に苦労したのは、フライパンの振り方だという。15時間以上お店に立つ日もあり、何度も調理しているうちに、少しずつコツをつかんだ。常連客はひと目で店主の息子だとわかるらしく、「お前がここを守れよ」と声をかけられた。

2016年1月に農連市場一帯の再開発が始まり、「丸安そば」も立ち退くことになった。その年の春に「丸安そば」は浮島通りの入り口近くに移転し、亨さんは働き詰めの日々を過ごしていたが、父との喧嘩をきっかけに店を辞めてしまう。「自分の人生は自分で決める」。親の力があったから成功できたんだと言われるのが嫌で、精肉店でも飲食店でもなく、建築現場で

働いていた。

亨さんがお店を離れているあいだに再開発は完了し、２０１７年11月1日、のうれんプラザがオープンする。「丸安そば」は、浮島通りの店舗は残したまま、のうれんプラザに2号店「丸安食堂」を出店。こちらはあぐー豚の生姜焼きや山原豚のトンカツなどを提供する食堂としてスタートしたが、経営は軌道に乗らなかった。

「丸安食堂」のオープンから半年ほど経った頃、亨さんのもとに母から電話がかかってきた。そのときには浮島通りの店舗は閉店を余儀なくされており、「帰ってきてほしい」と母に頼まれた。亨さんの脳裏に浮かんだのは、常連客に言われた「お前がここを守れよ」という言葉だった。昔気質の父とまた喧嘩になってしまわないよう、自分が店主になるのであればと条件を出し、亨さんはお店を継ぐ決心をする。高級志向のメニューも元に戻し、店名も「丸安そば」とした。

「安い・早い・うまいでお客さんに愛されてきたわけだから、高級路線は違うだろうと思ったんです。今あるものを活かしていくのが丸安そば。昔は大雨が降ると雨漏りして、それをお客さんも従業員も笑い飛ばしながらやってたんですよ。だから今までのスタイルに戻すことにしたんです」

再開発で建て替わったのうれんプラザのお店は、雨漏りすることもなくなったが、「昔の店舗のほうが風情があって良かった」と口にする常連客もいる。でも、一度始めたからにはと、現在の場所でお店を続けていくつもりだという。「今あるものを活かしていくのが丸安そば」という姿勢は、ここでも一貫している。

「地元の人も、観光の人も、新しいジョートーじゃなくて、慣れ親しんだ町を求めてると思うんです。せっかく良い雰囲気があるのに、どうしてそれを壊してまで新しいことをするのか、と。ただ、もう再開発をしてしまったんだから、ここをどういう場所にしていくかが大事だと思うんです。地元の人たちが求めるものが揃っていれば、また自然と活気がある場所になるんじゃないかと思っています」

古くて味わいのある建物も、最初は真新しくてぴかぴかだった時代がある。新しい「丸安そば」が、かつての店舗のように味わいのある建物になる日まで、亨さんはフライパンを振り続けるつもりでいる。

（２０２１年11月22日掲載）

豚骨の香りに年季を込めて

むつみ橋かどや・石川幸紀さん

国際通りの真ん中に、むつみ橋交差点がある。かつてここにはガーブ川が流れており、むつみ橋という橋がかかっていた。この交差点の近くに、「かどや」という沖縄そば屋がある。

創業者の石川康昌さんは、大正9年生まれ。終戦後は米屋や豆屋を営んでいたものの長続きせず、しばらく定職に就かずに過ごしていた。見かねた義理の母が、郷里・宮古島の「古謝食堂」でレシピを教わってきてくれた。「このレシピで商売してみたら」と提案され、康昌さんは一念発起してそば屋を開業する。1952年のオープン当初は国際通りを挟んだ向かい側、市場本通りの角に店舗を構えており、店名を「かどや」とした。

「当時は今の5分の1ぐらいの広さで、ぎゅうぎゅう詰めでやっと10名ぐらい入れる店だったんです」。2代目としてお店を切り盛りする石川幸紀さん（66歳）は当時を振り返る。「かどや」は24時間営業だったこともあり、父・康昌さんは家には寝に帰ってくるばかりで、幸紀さんは父が起きている姿を見る機会が少なかった。

「小さい頃は、『どこのおじさんがおうちにいるんだろう？』という感じがして、どこか他人行儀に接していた気がします」と幸紀さんは笑う。「当時は物もない時代だから、そばもご馳走だったんです。今の麺はかんすいが入っているから日持ちするけど、昔は那覇で作ったおそばを名護まで持っていけないぐらい繊細なものでした。だから、遠くから那覇まで買い物にきた人たちが『せっかくだから』とおそばを食べて帰ることも多かったみたいですね」

創業当初のメニューは「そば」だけ。復帰前は1杯10セントで出していた。今よりひとまわり小さいどんぶりを使用していたこともあり、ひとりで2、3杯食べていくお客さんも多かったそうだ。

「琉球大学が首里にあった頃だと、お金のない学生さんが『この時計でそばを食べさせてくれ』と言ってくることもあったみたいで。『この時計なら20杯』と親父が決めて、棚に時計が何個か並んでいたんですけど、何年か経って質屋さんみたいに引き取りにくる人もいて。今思うと良い時代ですよね」

熱湯で火傷しては大変だからと、両親は幸紀さんに仕事を手伝わせなかった。4名きょうだいの3番目にあたる幸紀さんは、両親から「店を継げ」と言われたことは一度もなかったけれど、いつかは自分がと心に決めていた。

「小さい頃はボーイスカウトに入っていて、キャンプで焼きそばを作ったことがあったんです。

焼海苔

それが皆に好評で、そのとき嬉しかった気持ちがずっと残ってたんですよね。親からは一度も『やれ』と言われたことはなかったし、自分から『やろうね』と言ったこともないんだけど、高校を卒業したあとに1年間調理師学校に通って、自然と手伝い始めたんです」

復帰の年に、「かどや」は現在の場所に移転。１９７７年に父・康昌さんが亡くなってからは、母・秀子さんと一緒にお店を切り盛りするようになった。調理師学校に通いながら、中華料理店で修業していたこともあり、「おそばぐらいなら自分にも作れる」と幸紀さんは思っていたけれど、レシピ通り作っても常連客から「先代と味が違う」と言われることもあった。父と比べられなくなる頃には、お店を継いで10年近く経っていた。「レシピ通りやってても、そこにプラスされる年季があるんだね」と幸紀さんは語る。

当初は「そば」1品だけだったが、40年ぐらい前からメニューを少しずつ増やして、現在では三枚肉そばやソーキそば、ロースそばも出している。もともとのメニューである「そば」は、かつて流行した『一杯のかけそば』という物語にヒントを得て、「かけそば」として提供するようになった。食材費の高騰により、10数年前に値上げを余儀なくされたとき、１００円の「おかわり麺」もメニューに加えた。

「たとえばお母さんと小さいお子さんが、ふたりで1杯のおそばを食べると、ちょっと物足りないと思うんですよ。そういうときに、１００円でおかわり麺を追加して食べてもらえるようにしようと思ったんです。そうすれば2杯頼むより経済的でしょ。うちはもともと10セントだったもんだから、なるべく安く提供したいという気持ちがあるんです。なかにはひとりで3杯、4杯とおかわり麺を頼むお客さんもいますよ」

むつみ橋交差点にはかつて、クリスマスを過ぎるとしめ縄飾りを売る露店が並び、大勢の買い物客で賑わっていた。大晦日の夜は「かどや」も書き入れ時で、両親は深夜まで働き通しだった。

「中学生ぐらいになると、大晦日の夜には『遊びに行こう』って友達が誘いにくるんですよ。でも、仕事をしてる両親に申し訳ないような気がして、僕は遊びに行けなかった。最近はしめ縄飾りを売る人たちもいなくなって、大晦日に店を開けていてもお客さんが少なくなってきてるから、一昨年からは大晦日でも5時過ぎには閉めちゃうんです」

時代とともに街並みも変わり、最近はゴミが増えたと幸紀さんは語る。昔は2軒隣まで掃除をするようにと教え込まれたが、最近は自分の店の前にあるゴミをまたいで歩く店員さんもいる。「昔に比べると通りが汚くなった気がする」と幸紀さんは嘆くが、それでも「店にある小さな窓から、通りの風景を眺めて人間観察をするのは飽きない」と顔をほころばせる。

お店に立ち始めて、今年で46年。「最近になって、やっとコツがわかってきた気がする」と幸紀さんは語る。鰹節は使わず、豚骨だけで出汁を取るレシピ自体は先代の頃から変わっていないけれど、調理の過程で日々新しいことに取り組んでいる。上品な出汁の香りには、飽くなき探究心が詰まっている。

（2021年12月24日掲載）

秤ひとつで暮らしていく

小禄青果店・小禄悦子さん

建て替え工事が進む公設市場には、敷地の北西側に搬入口があり、工事車両が行き交っている。この搬入口の向かいに、「小禄青果店」がある。

創業者の小禄悦子さん（79歳）は、昭和17年、7名きょうだいの次女として粟国島に生まれた。「うちは分家の分家で、畑もいいの持たないし、小さい頃はひもじい思いばっかりしてきました」。幼い日を振り返り、悦子さんはそう語る。

「うちの母は、こどもを絶対遊ばさなかった。小さい島で、水に不便していたから、毎日水汲みに行って。潮が引いて水が溜まっているところで洗濯をしたり、海で体を洗うわけ。朝なんかも、芋を掘ってから学校に行きよったですよ」

両親は農業を営みながら、塩を作り、蚕を育てて生計を立てていた。父・朝清さんは学校の「小使さん」としても働いていたが、先生から「うちまで弁当を取りに行ってきてくれ」と走らされることもあった。小学校に通わず育った朝清さんは、「こどもたちは大学に通わせよう」と懸命に働いていたが、悦子さんが中学校に入学する春に病気で亡くなってしまう。兄や弟を大学に通わせられるようにと、悦子さんは中学3年のときに粟国島を出て、那覇に渡った。「最初は琉球大学の先生のおうちに、住み込みで入ったんです」と悦子さん。「家政科の先生だったから、お料理もちゃんとやりなさい、掃除もきれいにやりなさいって、厳しかったですよ。そこで3年お世話になったあと、今度は軍メイドの仕事をしてました」

軍メイドの仕事は給料がよかったものの、外出できる時間は限られていた。姉のハツさんから「軍にいては駄目」と反対されたこともあり、悦子さんは転職を決める。軍メイドの代わりにと紹介された仕事が、ハツさんの夫の親戚が営んでいた公設市場の青果店だった。

「昔の商売って、怖いぐらい大変でしたよ。右も左もわからなかったけど、農連市場に仕入れに行くと、おばあちゃんたちが教えてくれた。おばあちゃんたちは学校も出ていない、字も書けないけど、『この商売は秤ひとつで食べていけるから』って。これがおばあちゃんたちの口癖でしたね」

親戚の青果店を譲り受けた悦子さんが、「小禄青果店」と看板を掲げるようになったのは、小禄幸雄さんと結婚してからのこと。最初はごぼうを扱うお店から出発し、手を真っ黒にしながら働いているうちに、扱う品目も増えてゆく。

「野菜はね、値段の変動が激しいんです。今日は100円でも、畑に入れん日が続けば、数日

レモン
外国
200円

後には500円になる場合もある。何十年勉強しても、野菜に関しては1年生。良品と思って仕入れてきても、売り物にならないこともあって、夫婦喧嘩になることもありましたよ。だから、こどもたちには『どんな仕事でも、夫婦で一緒にやっては駄目よ』と言っているんです」

悦子さんはそう言って笑うが、夫婦ふたり、力を合わせて必死に働いてきた。その甲斐あって良いお客さんたちにも巡り会えた。公設市場の外小間と、向かいのビルに店舗を構えた「小禄青果店」には、繁忙期になると注文が殺到し、それに応えられるようにと死に物狂いで働いた。

まちぐゎーで働き始めて、62年が経とうとしている。悦子さんが公設市場の建て替え工事を経験するのは今回で2回目だ。2019年7月からは仮設市場でも営業を続けていたが、わずか数ヶ月で市場の小間は返却することになった。

きっかけは夫が体調を崩したことだった。悦子さんはお店を切り盛りしながら看病を続けてきたけれど、幸雄さんは2020年の初めに亡くなってしまう。

「お酒も飲まないし、遊びに出ることもなくて、お父ちゃんは昼も夜もずっと働き通しだったんです。どちらかひとりは店を見てないといけないから、一緒に旅行というのもできなかった。お父さんがいなくなって、寂しいですね」

この1年は、慌ただしく過ぎ去った。緊急事態宣言とまん延防止等重点措置が繰り返され、そのたびにまちぐゎーの人通りは激減した。ようやくコロナ禍が落ち着きを見せ、通りに活気が戻り始めたところで、新しい牧志公設市場の開業は1年延期になると発表され、関係者からは落胆の声が聞かれた。

最近はオミクロン株の感染拡大の影響を受け、ふたたび臨時休業を余儀なくされるお店も続出している。ただ、通りに活気が戻ってくる日を信じて、「小禄青果店」は休まず営業を続けている。今は悦子さんの長男・賢さん（44歳）や長女の愛子さん（49歳）も一緒にお店を切り盛りしている。

「本当はね、この商売は自分の代で終わりでいいなと思っていたんです」と悦子さんは笑う。

「商売っていうのは、気が小さいと大変ですよ。とにかくおおらかな心で、何でも根に持たずに忘れること。古いことは忘れてしまって、新しいことだけ考えないと。常に前を向いて、一生懸命やるしかないですよ」

1月21日には、夫・幸雄さんの一年忌を迎えた。この日、悦子さんは仕事を休んだものの、翌日からはまた「小禄青果店」で働いている。常に前を向いて。その言葉を胸に、悦子さんは今日も店頭に立っている。

（2022年1月28日掲載）

老舗の肉屋が移転した理由

仲里食肉・仲里光子さん 仲里尚起さん

ここ数年、まちぐゎーの至るところで工事現場を見かける。浮島通りの入り口近く、シャッターが降りたままになっていた建物の外壁が赤く塗り直されていることに気づいたのは、2021年の秋のこと。そこには牛にまたがる女性の絵が描かれており、近くに「仲里食肉」の文字があった。

「うちはもともと、おばあちゃんが始めた店なんです」。そう聞かせてくれたのは、仲里光子さん（74歳）。光子さんの祖母・照屋ウシさんは、まだバラック建てだった時代の公設市場で肉屋を始めた。当時の風景を、光子さんは幼い頃から目にしてきた。

「あの時代の公設市場は、お客さんの側から見ると、どこからどこがひとつの店なのか、仕切りがわからなかったんですよ。店をやっている側は認識してるけど、反対から見ると、仕切りもなくずらっと肉が並んでいてね。昔は冷蔵庫もないから、残った肉は塩漬けにして、冬だったらざるに入れて提げておく。昔はあんな感じでしたよ」

WAGYU

学校を卒業したあと、家業を手伝い始めた光子さんは、25歳で結婚。お相手は粟国島出身の仲里悦雄さんで、「小禄青果店」の悦子さんの弟にあたる男性だ。「結婚したのは、ちょうど復帰の3日前だったから、おぼえやすくて」。光子さんはそう言って笑う。

かつて豚は各家庭で飼われており、お正月になるとこれを潰して食べていた。復帰を機に、内地のと畜場法と食品衛生法が適応されると、自宅で肉を解体することは「密殺」としてかたく禁じられるようになった。地方や離島においても、肉は家庭で潰すものではなく買い求めるものに変わってゆく。

「昔はなにか行事があるとお肉が売れていたんです。この時期には遠足がある、この時期には運動会がある——部位もね、この行事だとロースが売れるとか、また別の行事だと三枚肉が売れるとかね、季節に合わせて準備していたんですよ。でも、道が綺麗になり始めた頃から、行事のときにわざわざ市場まで買い物にくるお客さんが減り始めたんです」

悦雄さんと光子さんは、4人の男の子を育てながら働いてきた。その姿を、末っ子の尚起さん（40歳）は近くで見てきた。

「兄弟の中でも、自分が一番両親の近くにいたと思うんです」と尚起さん。「父と一緒に配達に出ると、帰りにマクドナルドに寄ってくれたんですよ。それが嬉しくて、よくついて行ってましたね。小学校6年生のころ、全校生徒の前で将来の夢を作文にして話すときに、『大きくなったら肉屋になって、父のようなハンバーグを作りたい』って書いたんです」

その思いが昂じて、中学生になると尚起さんの夢は料理人に変わった。そこには当時のテレビ番組『料理の鉄人』の影響もあったという。高校を卒業し、5年ほど家業を手伝ったのち、「仲里食肉」と付き合いのあった飲食店で働きながら料理を学んだ。

「上の兄が本土で仕事をしているのと、3男の兄貴が丸安そばを引き継ぐことになったので、自分が仲里食肉に入ることになったんですけど、料理を学んだことは今でも活きていて。食材を卸すにしても、料理人さんとの会話が違ってくるんです。そういう意味では、今も料理には興味を持ち続けてますね」

尚起さんが「仲里食肉」を継いだのは、今から10年前の春。市場近くのビルに精肉工場を構え、公設市場内に小売の店舗を構えていた。精肉工場から公設市場まで肉を運ぶだけでもかなりの重労働で、建て替え工事を機に公設市場の店舗は閉じる道を選んだ。ただ、工場と店舗を統合してみると、商品を陳列できる場所も少なく、不便なところが多かった。何より車のアクセスに難があった。

「コロナ前だと、平均で1日40軒から60軒ぐらい配達があったんです。あの場所からだと浮島通りに出るしかなくて、そこが渋滞すると抜けられなくなる。買いにきてくださるお客さんからしても、そもそも地理自体がわからないっていうのがリアルなところだと思うんです。今後のことも考えて、このタイミングで新しい場所に移転することにしたんです」

2022年2月14日、「仲里食肉」は新しい店舗でスタートを切った。機材が間に合わず、現在は卸部門だけの営業だが、近いうちに小売部門も営業を始めるつもりだという。

移転先は壺屋1丁目。浮島通りからのうれんプラザにかけての一帯には、古くから卸問屋が軒を連ねている。この界隈は車でのアクセスが比較的良いこともあり、近年は再開発が進み、新しい店舗が増えている。「仲里食肉」もそのひとつだ。

まちぐゎーは迷路のように路地が張り巡らされており、そこに小さなお店が無数に軒を連ねている。車では入り込めない路地を散策するのがまちぐゎー歩きの愉しさではあるけれど、車でのアクセスの悪さは長年の課題でもある。無料駐車場の整備を望む店主も少なくないが、界隈にはいくつか民間の駐車場があり、行政が無料の駐車場をつくるのは「民業圧迫だ」とする声もある。アーケードの外に出て、車が行き交う通りを眺めながら、まちぐゎーの今後に思いを巡らせる。

（2022年2月25日掲載）

KOSE

撤去のお知らせ

どんなときでも前向きに

大和屋パン・金城勝子さん

Ｇｏｏｇｌｅストリートビューを開くと、11年前に記録されたまちぐゎーの姿を見ることができる。スマートフォンの画面に表示される昔の姿と見比べると、風景の移り変わりを実感する。特にこの3年は変化が加速している。

春分の日を含む3連休。まちぐゎーを歩くと、市場本通りは大勢の観光客で賑わっていた。通りの名前が市場中央通りに変わるあたりで、建設工事中の牧志公設市場があり、フェンスの向こうに青いタワークレーンが聳《そび》え立っている。そのまま道を進んでいくと、「かりゆし通り」と看板が掲げられた細い路地が延びており、その中ほどに「大和屋パン」というパン屋さんがある。創業70年近い老舗を引き継ぎ切り盛りしているのは、金城勝子さん（72歳）だ。

3年前、『市場界隈　那覇市第一牧志公設市場界隈の人々』（本の雑誌社）を出版したとき、勝子さんにもお話を聞かせてもらった。出版の翌月、２０１９年6月16日に第一牧志公設市場は一時閉場を迎え、19時から移転セレモニーが盛大に開催された。ただ、そのセレモニーの様子を、勝子さんは見ていなかったという。

「あの当時だと、うちは20時まで営業していたから、見に行けないさ」と勝子さんは笑う。

「それにほら、夕方になってくると、仕入れたパンが売れ残らないようにって必死だから。市場が建て替わるってことに対して、寂しいって気持ちはあったし、セレモニーをやっている音は聞こえてきていたけど、扱っている商品が生モノだから、見に行く余裕はなかったよ」

一時閉場を迎えた半月後、仮設市場がオープンした。距離にしてわずか100メートルの移動だったが、人の流れは変わり、かりゆし通りを行き交う人の数も少なくなった。2020年の春に新型コロナウイルスの感染が拡大したことで、大和屋パンも臨時休業を余儀なくされた。

「最初にコロナが流行り出したとき、最初の2ヶ月はうちも休んだよ。でも、営業を再開してみると、お客さんの数が格段に減ってしまっていたわけ。商売というのは休んだら駄目だなと思ったよ。お店がずっと閉まったままだと、久しぶりに来たお客さんが『潰れたんだ』と思うわけよ。だからもう、あんまり休み過ぎないように気をつけているよ」

コロナ禍の影響で、パンの売れ行きも落ち込んだ。仕入れる数を減らしているのに、それでも売れ残りが出てしまう日が増えた。赤字の日が重なり、お店を畳むという選択肢も脳裏をよぎったけれど、「やっぱり、ずっとおうちにいても退屈するから」と思いとどまったという。

「こういう状況になって感じるのは、沖縄の人のやさしさよ。お店を再開して苦しかった時期に、パンを買いにきて『がんばってね』と声をかけてくれるお客さんが何名かいたのよ。売り上げは赤字だったとしても、お客さんの気持ちに助けられるってことが何度かあったわけよ。『1年ぶり、2年ぶりにきた』って声をかけてくれるお客さんもいたからね。お客さんを大事にすれば、パン屋に会いたいと思ってやってきてくれる人もいる。だからね、ただ売っていては駄目よ」

お客さんと談笑しながらパンを売る祖母の姿を見て育った勝子さんは、1996年に叔父から大和屋パンを引き継いでからというもの、「相手を喜ばす」ことをモットーに商売を続けてきた。そのおかげか、定期的に会いにきてくれる常連客がいる。また、近所に昼間から営業する居酒屋が増えたおかげか、酔客が翌朝のパンを買って行ってくれることも増えた。

「ここに座っていると、退屈しないのよ」と勝子さん。「常連のお客さんがきてくれたら話し込んだり、お客さんが帰ったら今度は食パンを切ったり、新聞を読んだり。もう、1日があっという間。それは楽しいことじゃない？」

かりゆし通りにはかつて、惣菜屋さんが軒を連ねていた。お昼時には大勢の買い物客で賑わい、お彼岸の時期になると重箱に詰める料理を買い求めるお客さんで溢れ返っていた。だが、牧志公設市場が建て替え工事に入る前に惣菜屋さんは姿を消し、界隈には居酒屋が増えている。風景が移り変わることを、勝子さんはどう感じているのだろう？

12入
GEORGIA

サンドイッチ
¥220
Sandwich
SPECIAL & FRESH

焼き立ての
パンを
大和屋パン
大和屋 ☎866-6115
99 地球一周

「古いお店が少なくなるのは、やっぱり嘆かわしいさ。ただ、私は楽天的な考えだから、心配するのは好きじゃないわけ。楽しく考えるっていうのが一番大事。市場が建て替わると聞いたときも、最初は寂しいと思ったよ。でも、人間って生きていくのに必死だから、くよくよしたくないのよ。先のことを考えたってしょうがないし、目の前にいらっしゃるお客さんを大事にすることしか考えんわけ」

まちぐゎーの風景は、これまでも移り変わってきたし、これからも移り変わっていく。私も勝子さんの心持ちを見習って、みだりに悲観せず、まちぐゎーを歩き続けたい。

（2022年3月25日掲載）

市場本通り
KUKURU
アロマリック沖縄
うり

2022年度

2022.04～2023.03

2022年

4月11日	NHK連続テレビ小説『ちむどんどん』放送開始（9月30日放送終了）
5月15日	沖縄の本土復帰50周年
10月9日	那覇大綱挽まつり、3年ぶりに開催
10日15日	那覇市長選に向け、まちぐゎーで初の公開討論会
10月30日	6年ぶりとなる世界のウチナーンチュ大会が開催（1年延期しての開催）。世界各地から県系人が集まる
11月16日	知念覚氏、那覇市長に就任
11月３日	首里城正殿復元工事の起工式
12月4日	3年ぶり那覇マラソン開催

2023年

3月19日	新市場供用開始

県産フルーツをサワーで

ＭＩＹＯＳＨＩ　ＳＯＵＲ　ＳＴＡＮＤ・池田裕司さん

囲いの向こうに、鉄骨が組み上げられてゆく。長く続いた基礎工事を経て、いよいよ新しい公設市場が建ち始めた。そんな２０２２年の春、松尾19号線でも内装工事がおこなわれていた。かつて「三芳商店」があった場所に「ＭＩＹＯＳＨＩ　ＳＯＵＲ　ＳＴＡＮＤ」がオープンしたのは、４月３日のことだ。

店主の池田裕司さん（40歳）は宮城県仙台育ち。二十歳で海外に出て、数十か国を渡り歩いた池田さんは、２０１７年に沖縄に移り住んだ。

「話すと長くなるんですけど、沖縄に来る前はアメリカに住んでいたんです。会社を立ち上げて、飲食の仕事をしてたんですけど、ビザの切り替えに失敗して。いちどビザの審査に落ちると、観光でも戻れなくなって、会社も財産も荷物も置いたまま帰れなくなっちゃったんです。そのときは自暴自棄になりましたね」。池田さんは笑いながらそう話してくれた。

志半ばで帰国した池田さんは、沖縄で飲食の仕事をこなしつつ、浦添のアメリカ領事館に通ってふたたび渡米できないかと手続きを重ねていた。だが、コロナ禍で海外渡航が難しくなったことで、沖縄に腰を据える決心をする。

「沖縄に引っ越してきて、『小やじ』のオーナーをやっている千葉達実さんと知り合いまして、一緒に仕事をするようになったんです。この出会いが何よりも大きかったですね。本当に感謝です」

松尾にある「飯と寿 小やじ」を手伝いながら、池田さんは自分のお店を出すべく物件を探していたものの、これといった物件と巡り会えずにいた。そんな池田さんに声をかけてくれたのが、「三芳商店」の店主・宮城洋子さんだった。

「宮城さんが店頭での販売をやめて、インターネットの通販だけに切り替えられることになって。『これからはもう家で商売しようと思ってるんだけど、ここでお店やる?』って声をかけてくださったんです。もう、ほんとご縁ですね。そうじゃなければ、こんな良い場所に出合えなかったと思います」

やりたい業態はいくつもあった。ただ、間口の狭い店舗だとせいぜい5席しか置けそうになく、利益を出すのは難しそうだった。どんなお店にしようかと悩んでいた池田さんに、宮城洋子さんが本部町で「仲宗根青果」という青果店を営む弟を紹介してくれた。毎日フルーツを食

・結納品セット・包装資材
GUINNESS

べるぐらい旬の果物が好きだったこともあり、それをきっかけに沖縄県産フルーツを使ったお店をやれないかと考え始めた。

「沖縄のフルーツはすごく甘かったりすごく酸っぱかったり、野生味が強くて独特だと思うんです。この立地だと観光のお客さんもきてもらえるので、沖縄のフルーツを広められたらと、サワースタンドをやることにしたんです」

宮城さんとのご縁で生まれたお店だから、「MIYOSHI」という店名を引き継いだ。そのおかげか、「三芳商店」に通っていたお客さんに声をかけられることも少なくないという。

「街が変わることに対して、一抹の寂しさは感じるんです。僕なんかも、たまに地元に帰ると、『あれ、ここのお店なくなってる』と思うことは多くて。だから、昔の人が作ってくれたものに感謝と敬意を込めながら、新しいものを作っていきたいと思っているんです。温故知新という言葉を大切にしているので、そういった面でも『三芳』の名前を残させてもらったことに感謝してます」

県外から移り住んだ池田さんにとって、まちぐゎーは「可能性を感じる場所」だという。観光客と地元客が交わる場所で、ここなら幅広い客層に訴求できると感じる一方、真新しい建物に生まれ変わる公設市場に観光客がどんなふうに魅力を見出すのか、少し不安もある──と。

戦後の闇市に起源を持つまちぐゎーには、細い路地が迷路のように張り巡らされており、露店も含めて小さなお店がひしめき合っている。その物珍しさが、観光客を呼び込んできたのだろう。ただ、そうした観光的なまなざしには、「沖縄は風変わりな土地だ」という決めつけが混じる場合もある。

「観光でいらっしゃる方の中には、沖縄を軽視する人もいるんです」と池田さん。「小さな露店でおばあが商売されている姿を見て、『ああ、昔ながらの良い風景だな』と思う人もいれば、『うわ、沖縄ってこんな感じなんだ』と思う人もいる。僕はこの島に住ませてもらっているという感覚があって、沖縄に対するリスペクトもあるので、沖縄の文化の良さを発信するために一役買えたらと思ってます」

幅広い客層に届けられるようにと、お店をオープンしてからも試行錯誤を重ねている。初日はキャッシュオンで営業していたけれど、オープンのお祝いに駆けつけてくれた同業者に感想を尋ねたところ、「レジに行列ができていたから、2杯目はおかわりせずに帰ってしまった」という声もあり、すぐにキャッシュオンはやめにした。また、近所に暮らす高齢の方から「ノンアルコールがあれば入ってみたかった」という声があり、オープン翌週にはジュースの販売も始めて、開店時刻も2時間早めることにした。

「お恥ずかしいんですけど、あんまりプライドがなくて」。池田さんは笑う。「ほんとに大切にしているところ——美味しい県産品のフルーツを使うとか、お客様に対する考え方だとか、飲食店の在り方だとか――そういったところは信念を貫きたいと思っているんですけど、先輩方にアドバイスをもらいながら、探り探りやっているところで。何か良いアイディアはないかってスタッフに訊いてみたら、一個一個返ってくるんですよ。そういうアイディアを受け入れて、『じゃあそうやってみようか』と。だから、明日にも変わっていると思いますし、明後日にはまたどこか変わっていると思いますし、一歩一歩、進んで行けたらなと思ってます」

めまぐるしく変化を続けるまちぐゎーと同じように、「ＭＩＹＯＳＨＩ ＳＯＵＲ ＳＴＡＮＤ」も変わり続けてゆくのだろう。その移り変わりを、ずっと眺めていたい。

（２０２２年４月22日発行）

角のお店でいつもの煙草を

翁長たばこ店・翁長清子さん

今年の春あたりから、国際通りや市場本通りを行き交う観光客や修学旅行生を見かけるようになった。ここ数年はコロナ禍で閑散としていたこともあり、ずいぶん懐かしい光景に感じる。少し肌寒い季節でも、観光客はお揃いのTシャツやアロハシャツを身にまとって歩いている。ただ、市場本通りの入り口にある「翁長たばこ店」の翁長清子さん（77歳）は、春になってもジャンパーを羽織って店番をしている。

「ここは風がふきつけるから、結構寒いんですよ。ときどき突風がふいて、たばこを並べている台が倒れたこともあって、今はベルトで固定してます。通りの入り口だから、風当たりもすごいし、雨もすごいですよ。真夏じゃないと、半袖は駄目ですね」

清子さんは昭和19年生まれ。生後すぐに〝十・十空襲〟があり、那覇の市街地はほとんど焼失してしまう。両親は赤ん坊だった清子さんを抱えて、国頭に疎開。終戦後に暮らしたのは旧・具志川村にある「金武湾」だった。

金武湾とは、那覇市の垣花出身の人たちが形成した集落だ。戦時中に北部の収容地区に移動させられた那覇出身者は、終戦後も米軍によって那覇市は立ち入りが禁止されていたこともあり、郷里に帰還できないまま収容地区で暮らしていた。そこでは生計を立てることが難しく、かつて垣花で沖仲仕として働いていた人たちは収容地区を抜け出し、具志川村を目指した。そこには米軍が使用するホワイトビーチやブラマの浜があり、垣花出身者が荷揚げ作業に従事し、近くに「金武湾」という集落を形成してゆく。清子さんの父も本籍地は垣花だったから、金武湾に移り住んだのだろう。

「那覇から疎開していた人たちが引き揚げてきて、海の近くに部落を作って、そこに小学校もあったんですよ。小学校を卒業するまで向こうにいて、中学1年のときに父親の仕事の関係で那覇に移ってきて。金武湾にいたときも、何か必要なものがあるとバスで那覇まで買いにきてはいたんですけど、もう、都会だなあって。同級生を見ても生活面の差があって、羨ましかったですよ」

清子さんは5名きょうだいの次女。母は体が弱かったこともあり、姉が料理を担当し、清子さんは水汲みなど力仕事を引き受けた。「だから私、今でも料理は全然駄目なんですよ」と清子さんは笑う。

学校を出て、電化製品の販売代理店に勤めていた清子さんは、26歳のときに同僚の翁長只勝

招き猫
CHILLAX
い・ろ・は・す 天然水
555ml×24
ペットボトル

さんと結婚。夫の母・トヨさんが切り盛りしていたのが、現在の「翁長たばこ店」だ。

「今でこそ『翁長たばこ店』と名前をつけてますけど、最初は看板も出してなかったし、今みたいに建物があったわけでもないんです。ガーブ川沿いにバーキを並べて、そこにパンやお菓子、たばこを入れて商売をやっていたみたいです」

夫の只勝さんは昭和18年生まれ。まだ只勝さんがトヨさんのお腹の中にいた頃に、父は出征することになり、「男の子なら只勝と名づけるように」と言い残して家を出た。戦争が終わっても夫の行方はわからないままで、トヨさんはひとりで只勝さんを育てるために、ガーブ川沿いで商売を始めた。

「主人の母が商売を始めた時代は、まだ本土復帰していませんので、本土からビジネスでいらした方たちが舶来品の時計や洋酒、それに外国製のたばこをお土産として買っていかれたそうですよ。最初は今みたいにいろんな銘柄を並べてたわけじゃなくて、外国製のたばこだけ。軍に勤めていた方の奥さんたちが闇で手に入れたものがあって、それを仕入れて売っていたみたいです。あの時代だと、地元はもう、外国製のたばこは高くて買いきれなかったと思いますよ」

ガーブ川沿いの露店として始まった「翁長たばこ店」だったが、やがて川は暗渠となり、水上店舗が建設されることになった。川沿いで露店を営んでいた店主たちは、近代的なビルに生まれ変わった水上店舗に入居できることになった。ただ、トヨさんより北側、むつみ橋のたもとで露店を出していた店主も数名いたが、その場所は歩道が整備されることになり、水上店舗には含まれない区画となった。こうして「翁長たばこ店」が水上店舗の最北端、市場本通りの入り口に配置されることになった。

清子さんが只勝さんと結婚したときにはもう、水上店舗が完成していた。義母にあたるトヨさんは、「お店を手伝ってくれ」と言うこともなく、ひとりでお店を切り盛りしていた。清子さんが「翁長たばこ店」で店番をするようになったのは、１９９４年にトヨさんが亡くなってからだ。当時、清子さんは50歳。接客業の経験はなかったという。

「何の経験もありませんでしたけど、当たり前のように自分が継がなきゃいけないと思ったんです。主人はひとりっ子ですのでね、他にやる人もいませんでしたから、『こんなに頑張って続けてきたお店をなくしちゃいけない』という気持ちだけで、当たり前のように引き継ぐことにしたんです」

それから27年、清子さんは「翁長たばこ店」を守り続けてきた。最近は腰が悪くなり、たばこの陳列台をひとりでは上げ下げできなくなってしまったけれど、知り合いに手伝ってもらいながら切り盛りしている。

「私ももう年ですから、『もし店をやめるんだったら、この場所を貸してほしい』とおっしゃる方もいるんです。ただ、常連のお客さんから、『たばこ屋さんはなくさないでよ』としょっちゅう言われますので、誰かに譲るとしても、ぜひたばこ屋さんじゃないとと思っているんです」

アーケードの中にあり、扱っている銘柄も豊富とあって、「翁長たばこ店」を愛用するまちぐゎーの店主は少なくない。お釣りが出ないように、ぴったりの金額を用意して、決まった銘柄を買ってゆく。あるお肉屋さんは、「頑張ってよ」と清子さんに声をかけ、雑踏に消えていった。

角にあるたばこ屋の歴史を途絶えさせないように。清子さんは今日も上着を羽織って店番をしている。

（2022年5月27日発行）

湾ティーカフェ
Gong cha
ゴンチャ
信号渡り右側スグ
貢茶
CHILLAX

運命を変えた砂糖天ぷら

琉宮・明石光博さん

きっかけは物産展だった。営業の仕事をしていた明石光博さん（61歳）は、20代の終わり頃、営業ルートをめぐる途中で博多井筒屋に立ち寄った。そこで開催されていたのは沖縄物産展だった。時代は昭和から平成に変わる頃で、沖縄の食材や料理は今ほど内地に浸透しておらず、初めて目にする品々に魅了された。

「22歳のとき、上司と独立して会社を立ち上げたんですけど、その上司に夜逃げされたんですよ。それで『とにかく稼がないといかん』と、20代は借金を返すことに追われていたんです。そんなときに沖縄の物産品と出合って、癒されもしたし、驚きもした。こんな文化があったのか、って。金を追いかけるんじゃなくて、本気で人生を賭けられるものと出合ったような気がして、気がつけばその場で責任者の方に『この商品を仕入れたいです』とお願いしていました」

営業一筋に生きてきた明石さんは、沖縄から商品を仕入れ、熊本で催事での販売を始める。沖縄の物産品の中でも、とりわけ興味をそそられたのがサーターアンダギーだった。

サーターアンダギーは、割れた形が笑ったように見えることから、めでたい席に用いられる伝統菓子だ。独自にレシピを研究するうちに、沖縄物産展で売ってみたい気持ちが沸き上がる。サーターアンダギーを取り扱う業者は他にもいて、なかなか販売する機会を得られなかったけれど、あるときチャンスが訪れた。

「梅田の阪急で沖縄物産展をやるときに、『試しにやってみますか』と言ってもらえたんです。『ただ、出るからには売らんといかんですよ。明石さんはいくら売れるんですか』と。もう、ここは吹くしかないなと思って、『一日で50万は売れるんじゃないですか』と言っちゃったんです。言ったからには、その数字をクリアしないと次はないよな、と。どうしたらいいかと考えて、プレーンだけを一品しぼりでひたすら実演販売し続ける作戦をとったら、一日で55万売れて。自分でも驚きましたけど、そこからいろんな催事に声をかけてもらえるようになって、ああ、こういう使命だったんだなと思いましたね」

販路は順調に拡大したものの、明石さんにはある悩みがあった。お客さんに「あんた、ウチナーンチュね？」と尋ねられて、正直に「熊本なんです」と答えると、それなら要らないと返品されることもあった。

「沖縄から品物を仕入れて、沖縄のことを伝えたくて販売してたんですけど、自分の所在地が熊本なだけでガッカリされてしまう。どうしたいいんだろうって、10年間悩み続けたんです。

ある日、『ああ、行けばいいんや』と思い立って、それから3ヶ月後には布団とフライヤーだけ車に積んで、鹿児島からフェリーで沖縄に引っ越してきたんです」

沖縄に移り住んだ明石さんは、サーターアンダギーを看板商品に「琉球菓子処 琉宮」を創業する。松尾二丁目中央市場に7坪の工場を構えたのは2004年のこと。最初は催事を中心に販売していたが、リピーターのお客さんが増えるにつれ、お店を構えて販売してほしいという声が届くようになる。

「沖縄物産展に出ていたときに、公設市場の和ミートさんや次郎坊さんと一緒になっていて、『明石さん、市場にはお客さんがいっぱいいるよ』と教えてもらっていたんです。どこかにいいところはないかと探していたときに、松本商店さんが作業場として使われていた場所が目に留まって。その軒先で、業者さんがたまにマンゴーを売ったりしてたんですね。『ここで販売させてもらうことってできるんですか』と相談に行ってみたら、当時はまだご存命だった松本商店のお母さんに『頑張って売りなさい』と言ってもらって、屋台で商売を始めたんです」

2010年には作業場だった物件ごと借り受け、「松本商店」の隣に「琉宮本店」をオープン。その2年前には抽選に当選し、公設市場の2階にも出店していた。

「私は沖縄の人間じゃないもんですから、コンプレックスみたいなものもあったんです」。明石さんは率直に振り返る。「自分はナイチャーだし、新参者だし、迷惑かけないようにという思いはありました。ただ、せっかく新参者が商売をするなら、自分だけが出せる売りを作らなきゃと思ったんです。私は物産展の経験があるから、それを市場に持ち込みたいな、と。物産展とこの界隈は似てるところもあって、たくさんあるお店の中からアイキャッチをして、興味を持ってもらうことが大事なんです。それも、無理矢理売りつけるんじゃなくて、いかにお客さんのベネフィットにつなげるか。誰にお土産を買うのか、どんなものが必要なのか、適切なものを対面販売で提案できれば買ってくれる。これが物産展のやりかたなんです」

　まちぐゎーの商いの基本は「相対売り」にある。売り手と買い手が話し合いながら、商品や価格を決めて、売り買いするのが相対売りだ。物産展で培った明石さん流の「相対売り」は観光客にも好評で、「琉宮」は多くのお客さんで賑わうようになる。だが、第一牧志公設市場の建て替え工事が始まり、営業に支障をきたすようになった。アーケードが撤去されたことで、店頭に雨が吹き込むようになった上に、解体工事でホコリが舞い飛び、軒先に商品を陳列できなくなった。アーケードの再整備も含めて、工事によって生じる損失の補填について那覇市に問い合わせてみたものの、前向きな回答は得られなかった。これを機に、明石さんは公設市場の前にある本店を移転する決断を下したものの、市場界隈を離れることは考えなかった。

「最初に『那覇の名物』と看板に銘打ったのもあるんですけど、このあたりのことが理屈抜きで好きだったんです。ここで20年近く商売してますから、まちぐゎーの業者さんからもらったパワーや、これまで交わしてきた会話というのがもう、蓄積されてるんでしょうね。外からきた人間として、沖縄の人とは違う視点や感覚の中で役に立ちそうなものがあれば投げかけさせてもらって、どんどん新しいチャンプルー文化を作ってもらえたらなと思ってますね」

店頭に並ぶ商品は、伝統的な琉球菓子だけではなく、ひと口サイズのサーターアンダギー「ちっぴるー」や、サーターアンダギークッキー、焼きムーチーなど、伝統的な味をアレンジした商品も開発している。

「沖縄にはなくしてはいけない文化がたくさんあるので、そのまま残すべきものはそのまま残さなきゃいかんと思うんです」。明石さんは語る。「ただ、その一方で、次の世代に振り向いてもらう必要もあると思うんですね。そのまま残すものと、アップデートしていくもの。ふたつをうまく融合して、幅広い層に沖縄の魅力を届けられたら、と」

「琉宮」は現在、サンライズ店と平和通り店で営業している。本店が平和通りに移転したのを機に、看板に「Okinawan Sweets」の文字を掲げるようになった。そこには、新しいスタンダードを創り、国内外問わず、幅広い層に商品を届けたいという思いが込められている。

「コロナ禍になって、お客さんが減ったとき、『今は種まきの時期だ』と考えることにしたんです。雇用調整の助成金を申請する道もあったんですけど、従業員を休ませるんじゃなくて、新たに通信販売の部署を立ち上げたり、全国のスーパーに営業をかけたりしたんです。すぐに芽は出なかったんですけど、踏ん張って続けてたら、全国からオファーが殺到するようになって。沖縄が好きな方や、沖縄のものを求めてる方って、世界中にいると思うんですね。お店は拠点として守りつつ、漏れなく情報とサービスを届けていけたらなと思っています」

復帰50年の節目を迎えた今、「沖縄らしさ」が問い直されつつあるのを感じる。まちぐゎーでも、最近は「ＯＫＩＮＡＷＡ」の文字を看板に掲げるお店がずいぶん増えた。今から50年後のまちぐゎーでは、どんな商品が定番になっているのだろう。

（２０２２年６月24日発行）

近くて便利な地域の店に

セブン‐イレブン新天地浮島店・角屋隆司さん

かつて沖縄は、全国で唯一セブン‐イレブンがない空白地帯だった。そんな沖縄にセブン‐イレブンが進出したのは、今から3年前のこと。２０１９年7月11日、県内各地にオープンした14店舗の中には、まちぐゎーエリアのお店もあった。「セブン‐イレブン新天地浮島店」だ。

オーナーの角屋隆司さん（55歳）は東京生まれ。お母さんが沖縄・久米島出身だったこともあり、幼い頃から頻繁に沖縄に足を運び、二十歳の頃に沖縄に移り住んだ。

「あの当時はね、沖縄の方は二十歳ぐらいで県外に出るのが多かったんです。私は逆にその年代で沖縄にきたもんですから、『何しにきた?』ってよく言われましたね」。角屋さんは振り返る。バブル景気の真っ只中、東京への一極集中が指摘される時代にあって、東京から沖縄に移り住むというのは今ほど一般的ではなかった。しばらく親戚の仕事を手伝ったあと、スーパーの店長として働き、その後は新聞販売店を営んでいた。そんなある日、紙面に「セブン‐イレブン19年度沖縄進出」という見出しが躍っているのを見つけた。角屋さんは当時、50歳という

ELEVEN
かくや

節目の年を迎えようとしていた。

「新しいことを始めるなら今が最後のチャンスだなって、新聞販売店を経営しながら思っていたんです。ちょうどそのタイミングで『沖縄にセブン‐イレブンが出店する』という話があった。自分はずっと小売りをやってきたということもありますし、初めての出店に関わりたいなという気持ちがふつふつと湧いてきて、オーナー募集説明会に申し込んだんです」

説明会を経て、角屋さんに提案された出店場所は「国際通り周辺」だった。それまで営んでいた新聞販売店は安謝にあり、国際通りにはあまり馴染みがなかったけれど、真っ先に頭に浮かんできたのは国内外の観光客で賑わう光景だった。でも、担当者に案内された出店予定地は国際通りではなく、アーケードを抜けた先、浮島通り沿いの一角だった。

「実はですね、沖縄に来て間もない頃に、公設市場の近くで叔父の仕事を手伝っていた時期があるんです」と角屋さん。「叔父がやっていたのは化粧品を卸す仕事で、台湾の方が船で乗りつけて、日本の化粧品を買いにくるんです。それをぎゅうぎゅうに箱詰めして、その方たちが借りている民宿まで届けるアルバイトを自分はやっていました」

角屋さんがアルバイトをしていた時代に比べると、市場界隈の風景は様変わりしていた。新天地市場も閉場し、通りを行き交う人の数も少なくなっているように感じられた。ここでお店を始めて、お客さんは足を運んでくれるのだろうかと、角屋さんは頭を悩ませた。朝、昼、晩、そして真夜中。少しずつ時間帯を変えて、出店予定地の様子を確認してみたけれど、答えは出なかった。

「浮島通りも、新天地市場本通りも、国際通りに比べると人通りが少なかったんです。どれだけ通りの様子を観察しても、答えが見つからなくて。最終的にはもう、『商売は縁だな』と。二十歳の頃に叔父の仕事を手伝っていた場所で、そこにセブン‐イレブンが出店するというんだから、これはもう賭けるしかないなと思ったんです」

オーナーになる決心をした角屋さんは、「セブン‐イレブン新天地浮島店」のオープンが発表されると、真新しい名刺と開店告知のチラシを手に、挨拶まわりに出た。

「市場や商店街でお店をやっている方とは、扱う商品がかぶっているところもあるとは思うんです。でも、挨拶に伺ってみると皆さんウェルカムで、地域のあたたかさを感じましたね。それに、『昔はお弁当屋さんがたくさんあったのに、今はなくなって困ってる』という話も聞かせてもらって、挨拶にまわればまわるほど、ここでセブン‐イレブンを始める意味が見えてきたんです」

戦後の闇市を起源に持つまちぐゎーには、小さな個人商店が軒を連ねている。今からおよそ半世紀前、沖映通りにダイエーが出店するときには、地元商店街からは「客を奪われるのではないか」と不安の声が上がった。それが今回、全国チェーンのセブン‐イレブンの出店に対して「皆さんウェルカム」だったのは、時代の流れもあるにせよ、角屋さんが一軒ずつ挨拶にまわったことも大きかったのではないかと思う。新聞販売店を営んでいた角屋さんには、地域の全戸をまわって営業することがほとんど習慣になっていた。その甲斐あって、オープン当日は大盛況となった。

「正直に言うと、最初の2週間のことはほとんど記憶にないんです。もう、ひっきりなしにお客さんが出入りして、とにかく忙しくて。全国からセブン‐イレブンの社員が手伝いに来てくれて、バックアップしてくれてたから、自分にできることは店頭に立って、『ようこそいらっしゃいました』とお客様にカゴを渡す——その2週間でしたね。朝7時にオープンして、夜中の2時ぐらいになって初めて自動ドアが閉まったんです。それを見た従業員が『ああ、このドアって閉まるんだ？』と言ったのをおぼえてますね。いろんなメディアも取材にこられて、中には『名護から来ました』というお客様もいて、これがセブン‐イレブンの力なんだと感じました」

オープン直後によく売れた商品も、セブン‐イレブンのオリジナル商品だった。特に「金のシリーズ」のセブンプレミアム ゴールドは、並べるそばから飛ぶように売れた。当初は外国人観光客の利用も多かったが、コロナ禍に入り状況が一変した。

「コロナが流行し始めて、公設市場が休業すると、お客様がぴたっと止まったんですね。インバウンドもなくなってしまったので、そこで担当者とも話し合って、もうちょっと地域の人たちに来ていただけるように店内のレイアウトを変えたんです。観光客向けの商材をとっぱらって、地域の人たちに必要となるようなアイテムに棚替えして。近所に飲食店やせんべろのお店が多いんですけど、地域にスーパーがないので、調味料もいろいろ取り揃えるようにしたんですね。そうすると、『オープン直後は混雑してたから、ちょっと入りづらかった』という方も来てくださるようになって、地元のお客様の利用がすごく増えました」

コロナ禍になって、あらためて気づいたこともある。それは、まちぐゎーで何十年と商売を続けていた店主たちの偉大さだ。

「僕らは新参者で、コロナが流行したときに『これからどうしよう』と思い悩んだんですけど、あの地域で商売を続けてこられた方たちは、バブル崩壊とかリーマンショックとか、様々な不況を経験してるんですよね。その歴史があるからか、びくともせずに大きく構えている感じがしたんです。やっぱり長年商売をされている方の逞しさはすごいなと思いましたね。生活の中で大変なことがあっても、そんなことは微塵も見せず、買い物に来たお客様を元気にさせる。それが商売人なんだなと学ばせてもらっています」

地域の人たちに必要とされるお店でありたい——コロナ禍を経て、その思いは一層強くなった。感染症対策としてトイレを使用禁止とするコンビニも多かったが、市場界隈にはトイレ設備のない小さな商店が数えきれないほどある。この場所でコンビニエンスストアを営むからには、地域の人たちの生活を支える場所でありたいという思いから、角屋さんはお店のトイレを開放し続けている。また、ここ数年でまちぐゎーから銀行が立て続けに撤退した影響もあってか、ＡＴＭの利用率が非常に高いという。

「うちのお客様は、現金利用率が高いんですね。たぶんきっと、今日の売り上げを持ってお弁当を買いに来てくださっているんだと思うんです。コロナが少し落ち着いてきて、昔のように観光客で賑わうようになると、市場周辺のお店が恩恵を得るわけです。近所の方が豊かになれば、セブン‐イレブンも一緒に利用していただけると思うんです。おじい、おばあの元気な顔を見ながら、地域の方たちとともに栄えていけたらなと思っています」

（２０２２年７月22日発行）

ELEVEn
旅気分
ハワイ
Hawaii
グルメ旅
FUJIFILM
たばこ 酒
SIM

天地市場本通り
那覇市立 壺屋焼物博物館
THE TSUBOYA CERAMICS MUSEUM

八重山由来のジーマーミ豆腐

はま食品・大浜用輝さん

第一牧志公設市場に、新しい店舗がオープンした。首里鳥堀町で半世紀近い歴史を誇るジーマーミ豆腐専門店「はま食品」だ。

創業者の大浜りつ子さんは、昭和5年石垣島生まれ。りつ子さんの母・宮城文さんは八重山の小学校で教員を務めるかたわら、郷土史家として八重山の文化をまとめ、『八重山生活誌』を執筆した。そんな母のレシピをもとに、「はま食品」を創業する。

「お店を始めた当初は、今ほどジーマーミ豆腐が一般的ではなかったんです」。公設市場で店頭に立つ4代目・大浜用輝さんはそう教えてくれた。「もともとジーマーミ豆腐を食べる文化があったのは、首里の城下町と、八重山や伊江島といった離島だったので、沖縄の方でも馴染みがない方もいたそうなんです。そんな時代に、ジーマーミ豆腐をプラスチックのカップに入れて、ホッチキスで蓋をとめて、リヤカーで近所に販売し始めたのが始まりなんです」

現在でこそ、ジーマーミ豆腐は沖縄料理の定番のひとつとして知られている。ジーマーミとは落花生のこと。地面の下に実が生ることから、「地豆」と呼ばれるようになったのだという。
２０２２年5月、古波蔵保好の『料理沖縄物語』が講談社文庫として再刊された。戦前・戦後を通じて新聞記者として活躍し、エッセイストとしても知られる著者が郷里の味を綴った一冊の中に、「真白い落花生豆腐」と題したエッセイが収録されている。著者は明治43年に首里で生まれているが、幼い頃にジーマーミ豆腐を食べたことはなく、「青年に成長してから、料理店の会席膳に現れる『地豆どうふ』によって、わたしはこの料理の味を知った」と綴っている。

つくるのがめんどうなので、家庭料理としてはムリだ。めったにない祝いの膳部をにぎやかにするため、「地豆どうふ」を献立に入れるということになって、骨身を惜しまぬ料理担当者が、もろ肌を脱ぐ場合でないと、その美味を口にすることはできなかったと思う。
——というわけで、昔は材料が少なかったことなどのために、「地豆どうふ」は珍味の一つになっていただろうし、文明開化してどんな品でも船で運べる時代になると、骨身を惜しむ人が増えて、なかなか出合えない料理になったのである。

（古波蔵保好「真白い落花生豆腐」）

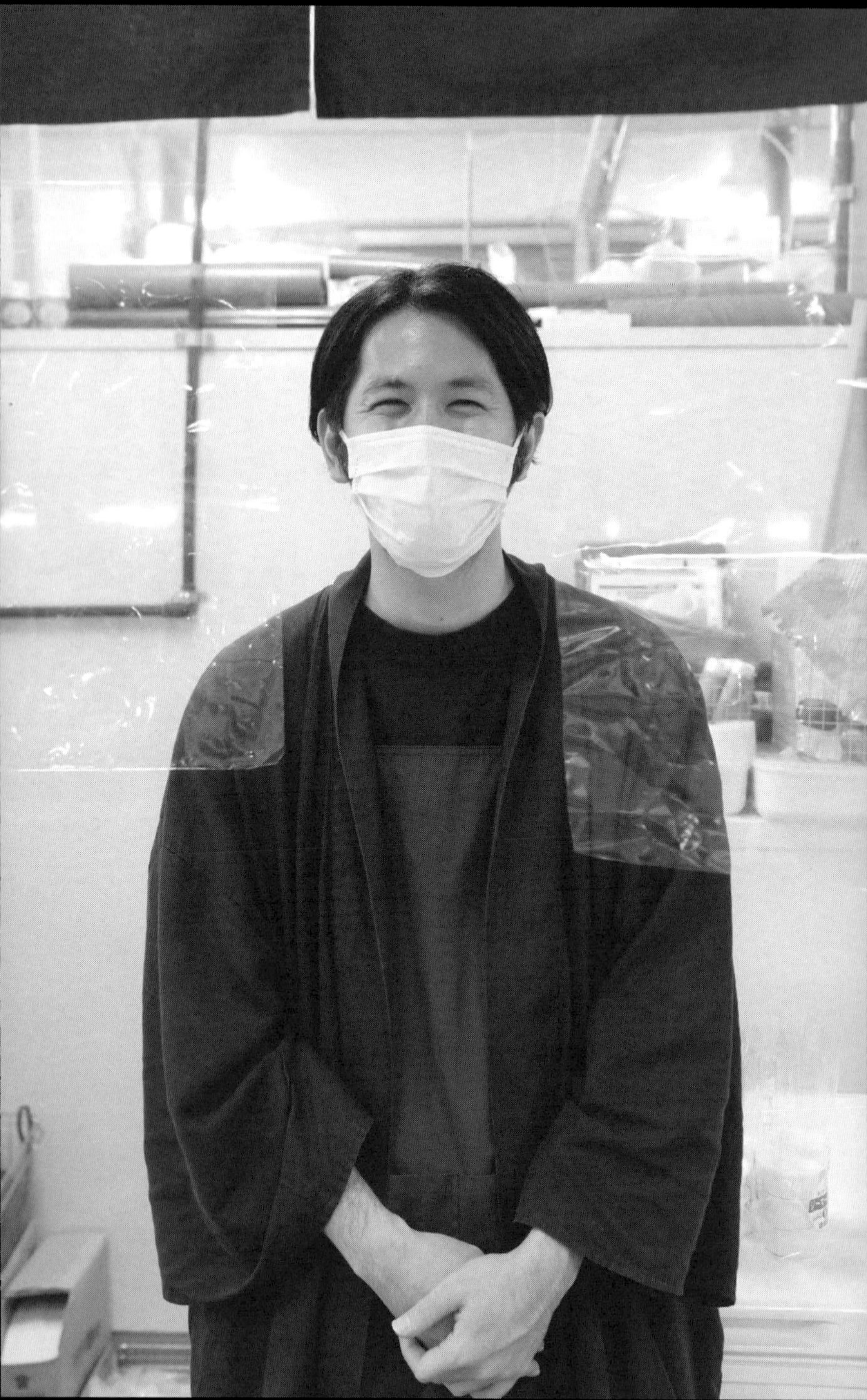

かつて地豆は貴重な食材で、琉球王朝時代にはジーマーミ豆腐は宮廷料理としてふるまわれていたという。八重山地方では仏壇行事の際に落花生を用いた料理が供えられる一方、地中に根を張り広がっていく様から縁起の良い食材とされ、祝い事や結納といった場面にもジーマーミ豆腐がふるまわれていた。ただ、下ごしらえや調理に手間がかかる料理は家庭でつくられることが少なくなり、「なかなか出合えない料理」となっていたのだろう。

そんなジーマーミ豆腐を専門として、りつ子さんが商売を始めたのは、海洋博が開催された1975年のこと。那覇市久米で親戚が営んでいた沖縄料理店「ひるぎ」でジーマーミ豆腐を出したところ、その味が評判を呼び、那覇市内の料亭や商店、ホテルからも注文が入るようになったという。ただ、注文が舞い込むようになってからも、りつ子さんは家族経営にこだわって「はま食品」を営んできた。

「小さい頃は、朝起きたら1階の工場に降りていって、おばあちゃんに遊んでもらいながら袋詰めを手伝ってました」。用輝さんはそう振り返る。ただ、用輝さんは次男だったこともあり、高校卒業後は東京に進学し、アパレル業界で働いていた。だが、「はま食品」を継ぐはずだった兄が病で他界したことで、用輝さんは帰郷を決意する。

「まわりの同級生から、『最近はジーマーミ豆腐がお土産の定番になっているけど、食べてみたらちょっと合わなかった』という話を聞くことがあったんです。本来のつくりかただと日持

ジーマーミ豆腐
(落花生)
はま食品
SPAM

ちがしないので、メーカーさんが試行錯誤して、賞味期限の長いものが一般に流通するようになっているんですね。僕は小さい頃から祖母の作るジーマーミ豆腐を食べて育ちましたし、『ここの味がなくなったら困る』という高齢の方もいらっしゃったので、沖縄に戻って店を継ぐことにしたんです」

用輝さんが帰郷してほどなく、新型コロナウイルスの感染が拡大。物産展が軒並み中止に追い込まれ、「はま食品」は販路を絶たれてしまう。直接販売できる場所はないかと模索していたところ、公設市場の事業者から空き小間があることを教えられた。

「公設市場近くにあった丸市ミートさんには、うちのジーマーミ豆腐を扱ってもらっていましたし、小さい頃からこの界隈に遊びにくる機会も多かったんです。おばあちゃんが買い物にくるときに、僕も一緒に連れてこられることも多くて。昔はよく、値切り合戦をしてる方がいたんですよ。『これ、高いねえ。千円にしなさい』『いや、千円だと儲けが出ないから、そんなにまけられないよー』『じゃあ、千円置いておくから持っていこうね』みたいなやりとりを、小さい頃からよく見てました」

「はま食品」が牧志公設市場で営業を始めたのは、今年の6月13日のこと。市場には高齢の店主も多く、コロナ禍を機に店を畳む方もいて、空き小間がいくつか出ている。旧盆と旧正月前は市場のかき入れどきだが、今年も「旧盆はできるだけ同居家族のみで過ごして欲しい」と県が呼びかけたこともあり、例年の賑わいは見られなかった。コロナ禍が長期化する中で、沖縄の習慣に変化が生じ始めているところもあるのだろう。

「僕の家も、親戚が大勢集まるほうだったんですけど、コロナで集まれなくなって、そういう寂しさはありますね」。用輝さんはそう語る。「はま食品」が扱うジーマーミ豆腐も、もともとは親戚一同が集まったときに口にする料理だった。

「首里や八重山などのジーマーミを手作りする家庭だと、親戚がやってくる時間に合わせて、出来立てのジーマーミ豆腐を作っていたそうなんです。沖縄の親戚の集まりって、ほんとにすごい人数が集まるんですけど、皆で長いテーブルを囲んで、湯呑みに入れたジーマーミ豆腐を温かい状態で出す。それは家族だけの特権の味だったそうなんです。僕も小さい頃から出来立ての温かいジーマーミ豆腐を食べて育ったので、来年の春からはその味を提供できたらなと思っています」

現在は用輝さんと母・清子さんのふたりで、昔ながらのジーマーミ豆腐を作っている。新しい公設市場がオープンする来年の春からは、妻・彩子さんにも手伝ってもらって、3人体制で「はま食品」を切り盛りしていくつもりだという。

「僕たちが作っているものは、どうしても持ち帰りづらい商品になるんです」と用輝さん。

「はま食品」では、観光客向けに保冷バッグを用意しており、当日中であれば持ち歩けるように工夫を凝らしている。ただ、昔ながらの製法を守ると、どうしても賞味期限は短くなってしまう。ただ、それは必ずしもデメリットではないと用輝さんは語る。

「昔は賞味期限の長いもののほうが喜ばれていたと思うんですけど、今はまた一周して、持ち帰りづらいもののほうが求められる時代になってきていると思うんです。どこでも買えるものじゃなくて、ここでしか買えないものが欲しい、と。そうやって昔の味を大事にすることで、地元の方にもまた公設市場に来ていただける入り口になりたいと思っているので、昔ながらの味を守っていきたいと思っています」

ところで、こうして話を聞かせてもらったのは8月18日で、夕方からは新しい公設市場の生鮮部門の店舗配置抽選会がおこなわれることになっていた。工事の完成も近づき、店舗の配置も決まり、新しい市場がオープンする準備は着々と整いつつある。

取材の翌日、もういちど「はま食品」に足を運んだ。抽選の結果を訊ねてみると、「第3希望だった小間に入れました」と用輝さんは顔を綻ばせた。その小間であれば、思い描いていたプランを実現できそうだという。来年の春、新しい市場にはどんな光景が広がっているのか、オープンを心待ちにしている。

（2022年8月29日発行）

〝狭い沖縄〟を残すために

市場中央通り第1アーケード協議会・新雅史さん

まちぐゎーには、アーケードが張り巡らされている。このアーケードは、県内各地にスーパーマーケットが増え始めた時代に、お客さんを繋ぎとめようと通り会が独自に設置したものだ。年季の入ったアーケードを見上げ、継ぎ目を見ると、時代の断層に触れたような心地がする。

第一牧志公設市場の建て替えが始まると、市場に面した3面のアーケードは撤去された。市場の北側と西側の通りはアーケードを再整備しない道を選んだが、市場中央通りの第1街区では、再整備に向けた協議が重ねられている。この市場中央通り第1アーケード協議会でアドバイザーを務めているのが、社会学者の新雅史さん（48歳）だ。

北九州市出身の新さんが初めて沖縄を訪れたのは、20代前半のころ。ピースボートに乗船して各地をめぐる中で、沖縄にも降り立った。

「最初に沖縄に来たときは、戦跡や基地のある郊外はめぐったんですけど、まちぐゎーには全然来てなかったんです。それで、2012年に『商店街はなぜ滅びるのか』という新書を出したあと、ボーダーインクの新城和博さんから電話がかかってきて、『新さんの本はまちぐゎーとも重なる感じがするので、一回那覇で講演会をしてくれないか』と呼んでもらったんです」

こうして２０１３年、現在仮設市場が建っている場所にあった「にぎわい広場」で新さんの講演会が開催された。その折に、新城さんの案内で初めてまちぐゎーを散策し、「迷路のようで面白い場所」だと感じた。

「20代で初めて沖縄に来たときに、基地とリゾート地をめぐったので、沖縄には郊外的なイメージを持っていました。それから20年経って新城さんにまちぐゎーを案内してもらい、広大なイメージと対照的な風景が――あまりにも密集した商業地域が広がっていることに驚いたんです。そのとき、〝広い沖縄〟と〝狭い沖縄〟――このふたつの沖縄を同時に把握するのが大切なんだろうと思いました。社会学で沖縄をテーマにすると、どうしても基地というテーマが前面に出がちなんですが、商業地域が密集した〝狭い沖縄〟を同時に描かないと、フェンスの向こうに広がる占拠された空間の広さの意味が見えてこないんじゃないかと思ったんです」

最初のうちはまちぐゎーの歴史に関する聞き書きをしていた新さんが、アーケード協議会のアドバイザーとして地域にコミットするきっかけとなったのは、２０１８年に開催された忘年会だった。その年に公開された新市場のイメージ図には、アーケードが描かれていなかった。このままだと、アーケードがなくなってしまう。どうにか再整備に手を貸してくれないかと店主たちに頼まれて、アドバイザーを引き受けることに決めた。

「もともとピースボートに関わっていたこともあって、プロジェクトにコミットすることに対して、拒否反応がありませんでした」と新さん。「アーケードのプロジェクトに関わったのは、もうひとつ理由があります。東日本大震災のときに、被災地に関わる機会があったんですけど、そのときに、起きている事態を客観的に観察する〝研究者〟なのか、起きている状況に関わっていく〝実践者〟なのか、自分の立ち位置を明確にできていませんでした。復興に向けて、さまざまな資源が注がれていくなかで、起きている出来事をただ観察する〝研究者〟という関わり方はとても難しかった。自分の立ち位置が半端なままで復興に関わったことで、いろんな人に迷惑をかけたのではという後悔を今でも持っています。今回のアーケードのプロジェクトは、個人的に、その行く末を見届けたいと思いました。ならば、研究者として半端に状況に関わるのではなく、その状況にためらわず巻き込まれようと思いました。そして、アドバイザーになったからには、かならず新しいアーケードの完成までこぎつけようと。それが実現しなければ、私が関わる意味はまったくないと思いました」

アーケードの再整備には、越えなければならないハードルがいくつもあった。まちぐゎーに設置されているアーケードの多くは建築基準法と消防法を満たしていない「違法建築」とされており、再整備する場合には基準を満たした設計にする必要があるというのが那覇市の方針だ

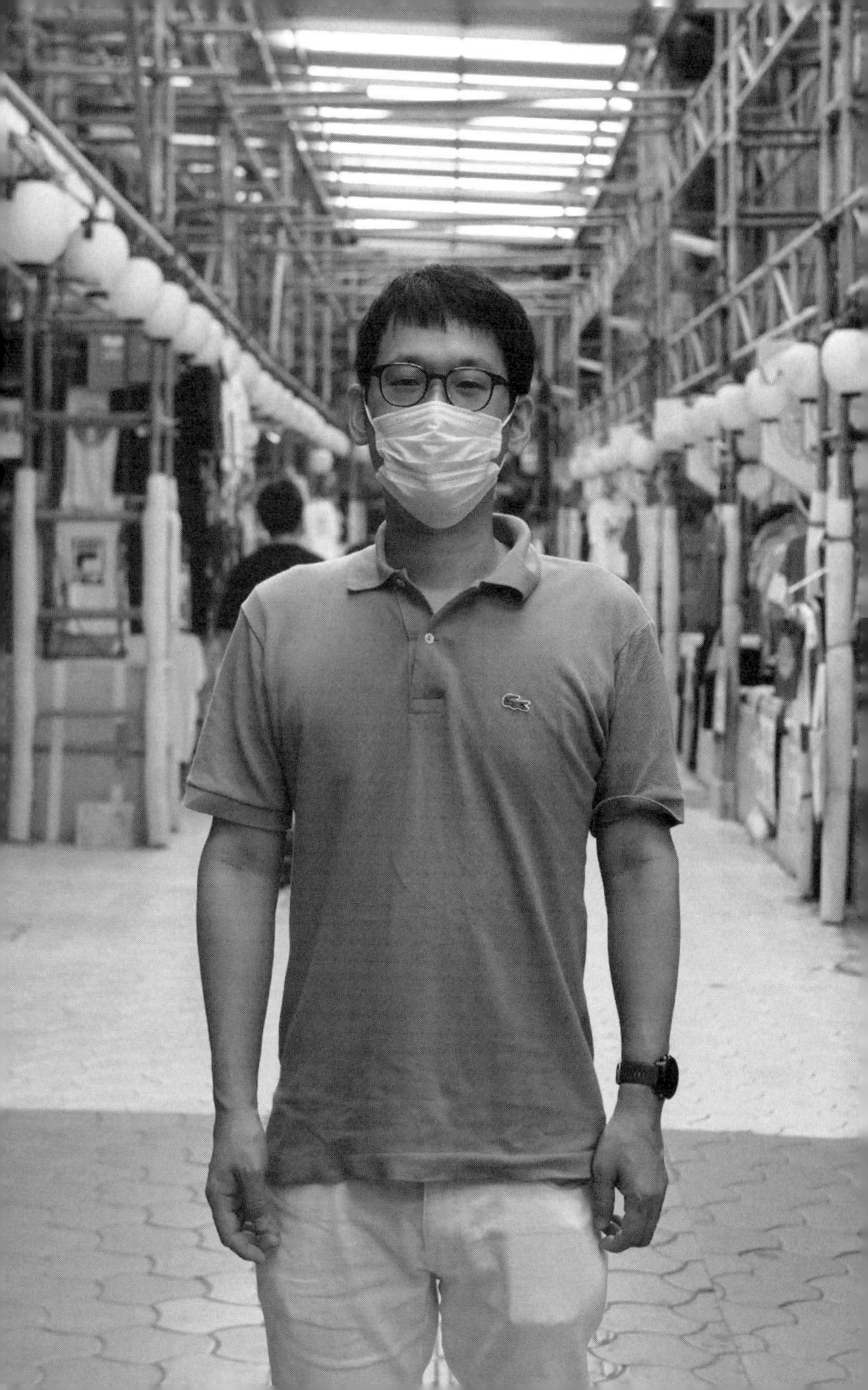

った。ただ、それには莫大なコストがかかる上に、たとえ再整備した箇所が合法であっても、それを「違法」なアーケードと接続した場合すべて基準を満たしていない建築物と見做されるというのが担当者の見解だった。また、アーケードの再整備に向けて地主と大家の同意を得るようにと告げられたものの、まちぐゎーの土地所有者は細かく入り組んでおり、全員の同意を得るのは容易なことではなかった。何より、予算の問題がある。高いハードルがいくつも待ち構えていたけれど、アドバイザーを引き受けた新さんには「なんとかなるんじゃないか」と楽観的に考えていたという。

「東日本大震災の復興プロジェクトに関わったときに、『経験』という言葉の意味について考えさせられました。研究者やコンサルは、復興のプロジェクトが進まなくても、自分のキャリアにその経験を位置づけることができます。でも、地域の方たちからすると、その経験は、やり直しがきかない一回きりの出来事です。研究者やコンサルは、〝失敗を活かす〟ことができる職業であるがゆえに、当事者の一回きりの重さをどう受け止めるかが、とても大切なことだと思いました。ただ、地域の方たちは、一回きりの重さがゆえに、身動きがとりづらいことがあると思います。たとえば、今回のアーケードのプロジェクトでも、那覇市から何度か『選択肢がない』と言われました。そのたびに当事者の方たちは、絶望的な気持ちになったようです。だけど、僕は沖縄の外側にいることで、他の選択肢を考えたり、調べたりすることができる状況にいます。『内地にはこういう事例もありますよ』と、選択肢を増やすフィードバックをすることが自分の役割かな、と思いました」

アドバイザーを引き受けてからは、2週間ごとに沖縄に足を運び、協議を重ねてきた。協議会会長の佐和田清昌さんや副会長の武藤三千夫さん、事務局の宇田智子さんなど、市場中央通りにお店を構える人たちが熱意を持って取り組む姿に背中を押されるように、まちぐゎーに通い続けてきた。

「江戸期からある建造物や、明治・大正期の建造物は、〝文化的なもの〟として保存されやすい状況があります」と新さん。「ただ、戦後の建造物——特にまちぐゎーにある建物は、保存する制度もなく、知らず知らずのうちに壊されることが多い。でも、まちぐゎーの建造物やアーケードは、戦後の那覇を象徴する風景を形成しているという点で、文化的に重要な意味を持つと思います。既存のルールに基づくと、現在のアーケードに対して行政がさまざま言いたくなる気持ちもわかるんですけど、全国的にはいろんな例外もある。だから、アーケードを文化的なものと位置付けて、どうにか更新する方法はあるんじゃないかということを、協議会の皆さんと考えてきたんです」

那覇の市場も建て替えという節目を迎えているけれど、新さんの出身地・北九州にある旦過市場もまた、数年前から再整備に向けた計画が進められている。昔ながらの市場をそのまま残すか、真新しい建物にリニューアルするか——二者択一の議論になりがちだが、第三の道があるのではないかと新さんは語る。

「現在の那覇の建物やアーケードは、現行ルールに基づいていないものが多いため、建て替えようとすると、とてもエネルギーが必要となります。だけど、だからといって、いまの環境を100年後にそのまま残せるかというと、それは無理だと思います。このあいだ旦過市場でも火事がありましたけど、ある程度、現行ルールに基づいて防災や防火のことを考える必要があります。『今のまま残すべき』と言うのは簡単だけど、自分の立場としては無責任かなと思うのです。ただ、防災や防火のために『再開発しないといけない』というロジックにも反対したい。現状維持と開発——このふたつのあいだに答えがあるはずだと信じているんですよね。人類学や社会学は記述することに重きを置く学問で、記述することは大切なことだと思うんですけど、街が大きく変わってしまうのを指を咥《くわ》えて見てるほど、私は学者に徹することはできません。まちぐゎーは沖縄の戦後を景観的に感じられる空間だと思うので、それをどう次世代に継承していくか。僕が10年近く前に感じ取ったようなことを、50年後の若い人が同じように感じ取れるような空間にできたらなと思っています」

新しい公設市場は、年末に竣工することになっている。それに先駆けて、現在市場中央通りに設置されている仮設アーケードは、11月には撤去される予定だ。新しいアーケードは、来年の完成を予定している。

（2022年9月30日発行）

消防士から酒場の店主に

お食事処 信・粟國信光さん

街を取材するとき、まずは界隈を散策する。そこがどんな街か、何が起きているのか、ぶらつきながら観察する。昼間はとにかく歩き、話を聞かせてもらう。日が暮れると酒場に入り、グラスを傾けながらぼんやり過ごす。そこには私が生まれてもいない時代を知っている誰かがいて、かつてその街で起きた出来事や、そこにあった風景を教えてくれる。そんな行きつけの店が、何軒かある。そのひとつが、公設市場のそばにあった「お食事処　信」だった。

店主の粟國信光さん（79歳）は南大東島に生まれ、小学校に上がる頃に父方の祖父が暮らす那覇に移り住んだ。祖父の家があったのは、現在で言うところの新都心。「じいちゃんは百姓だから、牛、馬、豚、そしてアヒルを養っていた」と粟國さんは振り返る。

「僕はいつも畑に手伝いに行きよったから、おじいちゃんに可愛がられよったわけ。行きは馬車に乗って、帰りは馬車の後ろを歩きながら、タバコを拾うわけよ。ガイジンが捨てたタバコ。それを拾っておじいちゃんにあげたら——〝刻み〟ってわかる？　拾ったタバコを刻んで、パイプで吸いよったよ」

新都心は、終戦後ほどなくして「牧港住宅地区」に指定されたエリアだ。米軍による土地の強制収用がおこなわれ、住宅やゴルフ場、プールにスケート場、ＰＸに小学校が建設された。土地の接収により、信光さんが通っていた小学校も安謝に移転することになった。

「学校が立ち退きになるときは、近所の人たちは石を投げてアメリカーさんと喧嘩していたよ」。粟國さんは当時を振り返る。「そうやって石を投げながら、アメリカーさんのおうちに遊びに行くわけね。だから——なんて言うのかなあ。うちの親戚でも、〝ハウスボーイ〟といって、アメリカーさんのおうちで靴を磨いたり洗濯をしたりして、お金をもらったりしていたわけ。基地が近くにあるところだと、そういう生活を送っていたんだよね」

那覇に暮らしていても、米軍は身近な存在だった。桜坂の社交街には生バンドの演奏があるクラブがあり、米兵で賑わっていたという。粟國さんの兄も、サクソフォンを買って、そうしたクラブで演奏していた。界隈には映画館が数軒あり、粟國さんは中高生の頃からよく足を運んだ。親からもらったバス賃でそばやパンを食べてしまって、家まで歩いて帰ることも少なくなかった。

高校卒業後、粟國さんは民間企業に就職する。働き始めて数年が経ったころ、親戚から「消防に入って市民のために働いてはどうか」と提案された。当時は民間企業のほうが給料が高く、消防士になると給料は7ドル下がる。ただ、それでも親戚に言われた「市民のために」という言葉が心に残り、消防士になる決断をする。

　栗國さんはかつて、沖縄高校（現在の沖縄尚学）野球部の主将を務めていた。4番キャッチャーとして、のちにプロ野球選手として活躍する安仁屋宗八投手とバッテリーを組んだ。3年生を迎えた１９６２年には、沖縄県勢として初めて南九州大会を勝ち上がり、甲子園に出場。広陵高校に初戦で敗れたものの、沖縄に戻ってきた選手たちは市民から熱烈な歓迎を受け、オープンカーでパレードした。

「甲子園でも県人会の皆さんに応援してもらって、帰ってきてからもパレードさせてもらって。やっぱり、あのときの記憶があるから、『市民のために』という意識があるわけ」と栗國さん。

「そういう性格だから、後輩にもずっと『市民のために頑張りなさい』と言っていたよ。消防というのは大変な仕事ではあるんだけど、市民のためならこれぐらい我慢できるんじゃないか、と。僕はこの意識が強かったね」

　消防士となった栗國さんは、何度となく火災の現場に立ち会ってきた。その中には、まちぐゎーで発生した火災もあった。１９７９年7月3日、平和通りで発生した火災だ。午前3時ごろに火災が発生し、通報を受けて那覇市消防本部や隣接市町村からも消防車が駆けつけたが、14軒が全半焼する結果となった。

「あの日は非番で寝ていたんだけど、同僚から『平和通りが燃えているよ』と連絡があって、オートバイで急いで現場に向かったわけ。僕も一緒にホースを出して、消火活動をしたんだけど、昔は木造の建物が多かったから、火の回りが早かったんだよ」

細い路地が張り巡らされ、昔ながらの建物が密集している風景というのは、まちぐゎーの魅力のひとつだ。ただ、そんな場所だからこそ、いちど火災が起きると消火活動は難航する。だからこそ「初期消火が大事」だと、粟國さんは語る。

「火災というのはね、初期消火が大事なんですよ。もし消しきらなかったとしても、早めに発見して初期消火をすれば、そのぶん延焼を遅らせられるわけ。だから初期消火が大事ですよと、僕らはよく言うんです」

消防士として働いていたころから、粟國さんは「いつか自分で酒場をやってみたい」という夢を抱いていた。定年まで消防局に勤め上げた粟國さんが念願のお店をオープンさせたのは、69歳のときだった。

「ほんとは退職してすぐやるつもりだったんだけど、場所を決めきれなくて。それに、女房がテーブル叩いて反対したもんだから、『じゃあしばらく待っておくか』ということで、息子が立ち上げた会社を手伝っていたのよ。そうして数年経ったときに、あの物件が空いたもんだから、70手前にして店を始めたわけ」

こうして2012年、「信」はオープンした。第一牧志公設市場を北側に出て、30歩ほど進むと、木製の小さな看板が見えてくる。店内には4人掛けのカウンターと、3人掛けのテーブル席がふたつだけ。オープン直後に入店すると、粟國さんは店内のテーブル席に腰掛け、壁に背をもたれながらニュース番組を眺めていることが多かった。お店が忙しくなると、「山城こんぶ屋」を切り盛りする妻・和子さんが厨房に加わり、夫婦でお店を営んでいた。18時を過ぎると、粟國さんもお酒を飲みながらお客さんと談笑する。それがいつもの光景だった。

「僕の場合は、儲けようと思って始めたわけじゃなくて、人との出会いが好きで始めたところがあるから、商売抜きに対等に話すわけよ」。そう言いきる粟國さんの率直な物言いに惹かれてリピーターになる旅行客もたくさんいた。ただ、コロナ禍が始まると、臨時休業を余儀なくされた。緊急事態宣言が解かれても、シャッターが降りたままの日が続くようになった。

この2年半、「信」と同じように、シャッターを閉じたお店を見かける機会が増えた。何度も足を運んだことのあるお店でも、店頭で顔を合わせるばかりで、店主の住所も知らなければ連絡先も知らないというケースは珍しくない。シャッターが降りていると、今日はたまたま臨時休業なのか、それとも最近はずっと閉めているのか、探りようもない。

粟國さんは今、どうしているのだろう。

そんなことを気にかけていた去年の秋、一本の電話がかかってきた。画面に表示されたのは栗國さんの名前だった。「もしもし、橋本さん？　もうね、店を閉めることにしたよ」。電話の向こうで、栗國さんは言った。

「店を閉めることにしたのはね、やっぱり、コロナですよ」。栗國さんはそう振り返る。「コロナが落ち着いたところで、いちどお店を再開したんだけど、お客さんがいなかった。僕は従業員を雇っていないから、年金で家賃を賄えていたけれど、怪我をして入院したことがあったわけ。大家さんからも『年齢が年齢だから、もうやめたら？』と言われて、やめることにしたんですよ」

「最近の楽しみはね、ラジオを聴くこと」と栗國さん。「昔の曲が流れるFMがあるもんだから、それを聴きながらお酒を飲むわけ。これが楽しみではあるんだけど――やっぱり、寂しいよ。まだまだ人生は長いということで、何をしようかと考えているところなんだけど、まだ見つけきれないのよ。今の僕の趣味は、洗濯。何もするのがないから、洗濯ばかりやってる。あと、うちの息子が立ち上げた会社で女房が働いているから、そこに遊びに行ったりするわけ。『時間潰しだからね、ごめんね』と言ったりしてね」

久しぶりにお会いした栗國さんは、以前と変わらずお元気そうでホッとした。今でも毎朝スクワットをこなしているそうで、「88歳までは元気で生きたいね」と笑う。

数え年で88歳と言えば〝トーカチ〟の年だ。沖縄には長寿のお祝いがあり、数えで88歳を迎える年の旧暦8月8日に、トーカチを祝う。また、数えで97歳を迎える年の旧暦9月7日には〝カジマヤー〟のお祝いもあり、地域によってはパレードを開催して盛大にお祝いする。

まちぐゎーの魅力はいくつもあるけれど、ひとつに絞るとすれば「ひと」に尽きる。そこに暮らすさまざまなひととの出会いが忘れがたくて、私はこうしてまちぐゎーのひとびとのことを書き綴っている。忘れがたいひとりが粟國さんで、私は何度となく「信」に足を運び、お酒を飲んできた。トーカチのお祝いはもちろんのこと、カジマヤーを迎えた粟國さんと乾杯する日を夢見ている。

（2022年10月28日発行）

那覇で感じた舶来の香り

大城商店・久貝恵一さん

那覇に通い始めて5年近く経つ。毎月数日ずつ滞在するとなると、宿泊費もそれなりの額になる。少しでも節約しようと、ゲストハウスに泊まるようになった。ひとりで静かに過ごせそうなところはないかと探して行き着いたのが、平和通りの「Ａｎ庵げすとｉｎｎ」だった。だが、このゲストハウスはコロナ禍で閉じてしまい、定宿を失った。以来、その時々の最安値を見比べながら、まちぐゎーにアクセスしやすいホテルに泊まっている。

国際通りから平和通りに入ると、カーブを描きながらアーケード街が続いている。このアーケード街をずんずん歩き、かつて「Ａｎ庵げすとｉｎｎ」があったビルを過ぎると側溝があって、アーケード街は右に折れて続いている。この側溝までが平和通りで、そこから先のアーケード街はサンライズなは商店街だ。

ここでサンライズなは商店街に曲がらず、そのまま直進するとアーケードが途切れ、左手に巨大なハイアットリージェンシーが見えてくる。さらに進めば、桜坂中通りを挟んで、石畳敷きの壺屋やちむん通りが広がっている。界隈に焼き物《やちむん》を扱う陶房や販売店が密集していることから、タクシー運転手が「やちむん通り」と呼ぶようになったのが名前の由来だという。

壺屋がやちむんの街になったのは、1682年のこと。

瓦の需要が増えた時期に、琉球王府は各地に点在していた窯場をひとつに統合する。その統合先に選ばれたのが壺屋だった。以来、時代の波に晒されながらも、壺屋は今日までやちむんの街であり続けている。終戦後の生活必需品が不足した時代には、収容所から陶工たちが呼び戻され、1945年11月10日、陶器生産業先遣隊として壺屋に派遣された。これを端緒に那覇の復興が始まり、あちこちに闇市が立ち、そのひとつが現在の平和通りへと発展している。

平和通りと、石畳敷きの壺屋やちむん通りと。両者のあいだに、数十メートルの区画がある。この路地に、「大城商店」という日用雑貨を扱うお店がある。店頭には見慣れない商品が並んでいる。目を引いたのは「Coast」と書かれた青いボトルだ。

「それはね、ボディソープ」。物珍しそうに商品を眺めていると、店主の久貝恵一さん（82歳）が教えてくれた。髪の毛も洗える、アメリカ製のボディソープだ。ボディソープが発売されたのはここ20年のことだが、同じ銘柄の固形石鹸は昔ながらの定番商品だ。蓋を開けて香りを確かめると、海の向こうの匂いがする。

「うちは『大城商店』という名前で知られていたというよりも、『石鹸屋』として有名だった

ぱっと明るく
−5才肌パウダー

みたい。復帰してからは花王とかライオンといった日本製も増えてきたけど、昔はラックス石鹸とかキャメイ石鹸とかパルモリーブとか、アメリカの商品が多かったんですよ。本土に比べたら、高級品を使っていたと思うよ。うちはやってないけど、コーヒーや缶詰を船に積んで、鹿児島まで行って商売していた人がたくさんいたというからね。それだけ儲かったという証拠さ」

「大城商店」があるあたり――サンライズなは商店街と桜坂中通りのあいだの一帯――は、現在ではやちむんを扱うお店や民宿、それにちまきが名物の「金壺食堂」といったお店が点在しているが、どちらかといえば閑静な通りだ。ただ、復帰前は「ものすごく繁盛した通りだった」のだと、久貝さんは語る。かつて壺屋にはバスセンターがあり、買い物客が足を運びやすい場所だったという。

「このあたりはね、貿易会社がたくさんあったのよ。今はＫＩＷＡＭＥというステーキ屋になっているところは、昔は小田切商事といって、輸入品を扱う店でね。ポップコーンというのは、うちはあそこで初めて見たね。今はコインランドリーがあるあたりに幸陽商事というのがあって、『ナツコ 密貿易の女王』という本にもなっている女の人が立ち上げた会社なんだけど、これはメリケン粉を輸入する大きな問屋だった。その隣が、びっくりそば。ここはそばが美味しくて、びっくりするぐらい盛りがよかったわけ。このあたりで買い物した人が、そこでそばを食べて帰りよったよ」

そう語る久貝さんは、那覇出身ではなく、昭和15年に宮古島で生まれている。6名きょうだいの末っ子で、実家は農業を営んでおり、学校から帰ると草刈りやサトウキビ刈りといった仕事を手伝っていた。

「うちがあったのは久松というところで、今は伊良部大橋ができて繁盛してるけど、昔は田舎だったのよね。銭湯というのは都会にしかなかったから、2、3キロ先まで歩いてかなきゃいけない。でも、わざわざ銭湯に行くというのはお正月ぐらいで、海が近くだから、普段は海水浴で済ませていたね。あの当時はね、自分の部落の外に出ることは滅多になかったよ」

ただ、小さい頃から、いつか島を出ようと心に決めていた。末っ子とあって、弟や妹の教育費を心配する必要もなく、親から「高校を出ろ」と言われていたけれど、進学しない道を選んだ。

「その意味では、うちはほんと、親不孝者ではある」と久貝さん。「ただ、働いて親孝行したほうがいいはずと思って、島を出ることにしたわけ。大阪の着物問屋を紹介してもらって、まずは宮古から沖縄に出てきたの。港に着いてみたら、西も東もわからんわけよ。沖縄でこれだったら、大阪に行ったらどうなるかわからんと思ってね。大阪行きはやめにして、その日のうちに仕事場を探してまわったのよ。そうしたら——そこに見える赤いビル、今は壺屋陶芸センターになっているところの近くにあった丸永商会という会社が従業員を募集していて、住み込みで働けるというから、ここで働き始めたわけ」

「丸永商会」は日用雑貨を扱う問屋だった。久貝さんに与えられたのは、那覇の各地にある小さな商店まで商品を配達する仕事だった。近くには映画館もたくさんあったけれど、遊びにいく暇もなく、「日活とか東映とか、言葉は知っていてもどんなかわからんよ」と久貝さんは言う。もらった給料は、ほとんど仕送りに充てた。そうして「丸永商会」で働くなかで、糸満出身の吉子さんと出会い、23歳で結婚する。吉子さんが働いていたのが「大城商店」だった。

「最初に店を始めたのは女房の親戚で、金城という女性がやっていたわけ。このおばさんも糸満の人で、お店をうちの女房に任せて反物を扱う仕事をやるようになったみたいだね。その時代には看板も掲げずにやっていたみたいだけど、当時から大城商店で通っていたから、うちの女房とお姉さんがその名前で引き継いだ。うちが結婚して、一緒に店をやるようになって、もう60年になるね」

もともと雑貨問屋で働いていたこともあり、仕事にはすぐに慣れた。ただ、結婚当初の「大城商店」は今よりずっと狭く、夫婦で働くには手狭だった。当時はひとつの建物をいくつもの間口に区切った商店がまちぐゎーに建ち並んでいたが、「大城商店」が入っていた建物も一間（1・82メートル）ごとの区画に区切られ、雑貨屋と菓子屋が入居していた。狭いスペースで夫婦で働くよりはと、前職の経験を活かして仲卸業にも手を広げ、大きな箱を積める自転車を購入し、営業と配達にまわった。当時は舗装されていない道路も多く、首里の坂道をあがるのは苦労したが、「配達するぶん、よそのお店よりかは有利だった」と久貝さんは振り返る。

当初は瓦葺き屋根だった建物も、沖縄が復帰を果たしてほどなくすると建て替わり、現在のビルになった。ただ、その頃になるとスーパーマーケットが普及し始めており、県内各地にあった小さな商店が姿を消して、仲卸の仕事は少なくなった。輸入代理店も少しずつなくなり、「大城商店」と同じ建物に入居していた商店も一軒、また一軒と閉店した。空き小間となった場所まで「大城商店」が借り受けて、現在の広さとなった。

「ここ20年で、お客さんが減ってきたのよね。若い人たちはあんまり興味を持ってくれないけど、昔から馴染みの高齢のお客さんが買いに来てくれるわけ。ここだとスーパーでは扱っていないような昔ながらの商品が買えるから、『やめないでちょうだいよ』って言ってくれるわけ。そう言ってくれるお客さんには、『こっちも家賃を払わんといかんから、だったら毎日買いにきてね』と冗談を言って笑わすんだけどね」

お客さんのリクエストに答えて、いつまでもお店を続けたい気持ちもあるけれど、「けじめをつけなければ」と、85歳でお店を畳むつもりだ。

最初は「地球がひっくり返った感じ」に見えた那覇の街並みも、60年近い歳月を経た今ではずいぶん見慣れたものになった。

「沖縄に出てきた頃に、一番苦労したのは言葉よ。うちなんかは宮古の言葉しかわからんかったわけ。宮古と言っても、部落ごとに言葉が違うんだけど、とにかく沖縄の言葉がわからんかった。それがもう、今は宮古の言葉で話す機会がなくなって。同級生と何十年と模合をしていて、途中で宮古の言葉で話すこともあるんだけど、『ああ、自分は今、宮古の言葉を使っていたな』と意識すると、またパッと沖縄言葉に戻ってしまうんだよね。そうしているうちに、同級生にも沖縄言葉でしゃべるようになってくるわけよ」

わからない言葉を聞き返すことよりも、相手が言っていることがわからないまま商売をするほうが恥だからと、お客さんから各地の言葉を教わった。そうして自分が話す言葉も沖縄言葉になった。妻・吉子さんから「たまには宮古の言葉を使って」と言われることもあるけれど、今では沖縄言葉のほうが馴染みがある。

「言葉を忘れるというのはね、言ってみれば、島を捨てたということだから」。久貝さんはそうつぶやいた。その言葉の裏側には、何十年とここで商売をしてきた自負があるのだろう。「人生って面白いよ。辛いときもあれば、楽しいときもある」。そうつぶやきながら、久貝さんは通りを行き交う人たちを眺めていた。


（2022年11月25日発行）

Ryukyu
XS~XL

¥1,500

琉

「楽園」に芽吹くパン文化

ブーランジェリー・プレタポルテ・高倉郷嗣さん

那覇の市場は〝県民の台所〟と呼ばれ、沖縄の食文化を担ってきた。公設市場が建て替え工事を迎えた今、新しい潮流も生まれつつある。そのひとつが、のうれんプラザの向かいに昨年オープンしたパン屋さん「ブーランジェリー・プレタポルテ」だ。

店主の高倉郷嗣さん（49歳）は徳島県出身。香川との県境近くに生まれ育ち、小さい頃から母の実家のうどん屋さんを手伝っていた。

「香川に行くと讃岐うどんになるんですけど、徳島だとああいうのをたらいうどんと言うんです」と高倉さん。「もともとは製麺所だったお店だから、うどん屋さんの隣は商店になっていて、そこで麺を売っていたんです。お歳暮やお中元の季節になるとよく売れて、卵を割ったり、出来上がった麺を細く切る機械に通したり、袋に梱包したり――さすがに麺をこねる作業を手伝うことはなかったですけど、その頃から粉モノには親しんでました。手伝いをするとアルバイトとしてお小遣いをもらえていて、いつかは自分の飲食店をやってみたいということは当時から漠然と思ってましたね」

うどん屋さんの隣にある商店には、うどん以外にもさまざま食料品が並んでいた。食べることが好きだった高倉さんが夢中になったのがパンだった。地元のベーカリーが手がける菓子パンだけが陳列されていた棚に、あるとき山崎製パンが参入してくる。甘いアイシングが線上に施されたミニスナックゴールドや、巨大なコッペパンに白い砂糖が上掛けされた大ロシアパン。これまで見たこともなかった味や形状のパンに、少年時代の高倉さんは魅了された。お客さんもこぞって山崎製パンを買うようになり、ある日を境に地元のベーカリーのパンは並ばなくなった。最後の配達があった日に、地元のベーカリーの店員さんがぽつりと漏らした「うちのパンも美味しいんだけどな」という言葉が、高倉さんの胸に今も刻まれている。

転機が訪れたのは、高校時代に交換留学生としてアメリカに滞在したときのこと。ホームステイ先として高倉さんを受け入れてくれたのはスペイン人の家族だった。

「小さい頃から食べるのが好きだったので、英語の勉強よりどうしても食のほうに興味が行っちゃって。スパニッシュのご家族なので、パエリアでお米も食べるし、『毎週水曜はパスタの日だ』と、パスタと一緒にバゲットも買ってきて、食卓に並んでたんです。そのパンがまた美味しかったんですよね。日本で食べてきたパンとこんなに違うのかと衝撃を受けて、お腹が空いたらこっそりつまみ食いしてました」

何より衝撃を受けたのがベーグルだった。ベーグルはユダヤ移民によってアメリカにもたらされ、90年代に入って流行し始めたばかりで、日本ではまだ物珍しい存在だった。アメリカ滞在を経て、高倉さんはパン職人を志し、地元のホテルに就職する。ベーカリー部門を希望していたけれど、実際に配属されたのはフロントだった。3年ほどでホテルを退職すると、高倉さんはみずからベーグルサンドのお店を始める。

「ホテルを辞めてぶらぶらしてたときに、よく行くバーのマスターが『うちの店は日中空いてるから、喫茶でもなんでも好きに使っていいよ』と言ってくれて、バーをお昼だけ間借りするような形でベーグルサンドのお店をやることにしたんです。その前にもう一回アメリカに行って、1ヶ月近くかけてベーグルを食べ歩いたんです。ちょうど日本にスターバックスが入ってきた時期で、エスプレッソやカフェラテがブームになり始めていた時期でもあったので、向こうでエスプレッソマシンも買って、持って帰ってきたんです」

こうして徳島駅前でベーグルサンドの店「コパベーグル」を開店。店名の「コパ」とは、間借りさせてもらったバーの名前である。当時はパン作りの経験もなく、最初のうちは名古屋で美味しいベーグルを出すお店から卸してもらっていたけれど、運送費を差し引くと儲けは出せなかった。そこで高倉さんは徳島にある老舗ベーカリーに直談判し、新商品としてベーグルを共同開発してもらうことになった。

「その老舗のパン屋さんも、『なにか新しい流れがきてるらしい』ってことはご存じだったらしくて、僕が直談判したときも『ああ、こういうのをやってみたかったんだよ』と快諾してくださったんです。僕もまだ二十歳そこそこで、自分では作れないのに、毎日送られてくる試作のベーグルに駄目出ししてたんですよ。『これだと小さすぎる』とか、『これはふわふわすぎる』とか。今思うとほんと生意気だったなと思うんですけど、僕の意見を聞いてくださって、一緒にベーグルを作り上げていったんです」

オープン当初は物珍しい存在だったベーグルも少しずつ認知されるようになり、「コパベーグル」は人気店となった。経営は軌道に乗ったものの、自分の手でパンを作っていないことが高倉さんの中で心残りとなっていた。２０００年代に入るとカフェがブームとなり、雑誌では頻繁にカフェ特集が組まれていた。パン職人として修業を始めるなら今が最後のチャンスだと思い、高倉さんは20代後半で「コパベーグル」を畳み、上京することに決めた。

「最初に働いたのは、原宿にあったオーバカナルなんです」と高倉さん。オーバカナルと言えば、料理から調度品、佇まいに至るまで、パリのカフェ文化をいち早く東京に持ち込んだお店だ。「フランスの大衆食文化を伝える」をコンセプトに掲げ、現在では都内だけでも数店舗を展開しているが、竹下通りと明治通りの交差点で１９９５年にオープンした原宿店が第１号店だ。

「オーバカナルでも最初はギャルソンに配属されちゃったんですけど、1年ぐらい経って『実は僕、パン屋志望だったんです』と伝えたら、『早く言えよ』ってパン部門に入れてもらって。最初はサンドイッチを任されたんですけど、ものすごい数出るんですよ。めちゃめちゃ忙しかったから、これまで田舎でやってきたスローなテンポじゃついていけないんだって思ったし、とにかく鍛えられました。竹下通りを歩いてお店にたどり着くだけでも、人にもみくちゃにされて——お祭りでもやってるのかと思ったら、毎日そんな状態でしたもんね。揉まれたと言えば揉まれたと思います」

朝から晩まで慌ただしく働き、勤務時間を終えると余った生地でパン作りを学んだ。まわりにはお手本となる先輩がたくさんいた。原宿店でシェフを務めていたのは、現在は東京・武蔵小山で「ネモ・ベーカリー&カフェ」を営む根本孝幸さんだった。「僕から見ると雲の上の存在のような人ばかり働いていたので、とにかく先輩の動きを見て学んでました」と高倉さんは振り返る。

「オーバカナル」で6年ほど働いたのち、ベーカリー「ヴィロン」丸の内店の立ち上げに携わったものの、周りの職人たちのレベルの高さを痛感し、半年ほどで退職。次に勤めたのが新宿にあるベーカリー「ラ・バゲット」だ。

「そこは卸がメインのベーカリーで、都内のホテルやレストラン200〜300軒に卸してた

PRÊT À PORTER LA
LE PRÊT À

ので、1日にバゲットを1000本ぐらい焼くんですね。もう、バゲットの1000本ノックみたいな感じでした。そこで基礎から技術を学んで、オーブンの温度を1度変えるだけでこれぐらい変わるんだってことも教わったんです。しかも、ホテルやレストランで出すパンだから、甘いパンじゃなくて食事パンを中心に教わりました。それに、注文があったぶんしか作らないので、ロスがないんですよね。営業終わりにゴミをまとめても、袋一つで収まる。それはすごくいいなと思いましたね」

徳島から上京し、東京でパン職人として修業を重ねる高倉さんには、ある理想があった。それは南の島でパン屋を開くことだった。もともとリゾートが好きで、高校卒業後に勤めていたのもリゾートホテルの徳島店だったという。

「オーバカナルのパン部門で働き始める前に、修業を始めたら海外に行く時間もなくなるだろうなと思って、フィリピンのボラカイ島まで行ったんですね。マニラから飛行機を乗り継いで、またボートに乗って、ようやくたどり着いて。その島のホワイトビーチの横に、店がずらっと並んでるところがあって、そこにイングリッシュ・ベーカリーってお店があったんです。オープンエアーで、良い感じのお店だから、よく行ってたんです。イギリス人っぽいオーナーさんがいて、朝はパンを焼いてるんだけど、そのあとはお客さんと雑談したり、海辺でコーヒー飲みながら新聞読んでるんですよ。別に楽したいってことではないんだけど、自分の最終目的はここだなと思ったんですね」

そんな夢を抱いたボラカイ島をはじめとして、モルディブやマレーシアのランカウイ島、タイのサムイ島など、時間を見つけてはアジア各地のリゾート地を巡ってきた。そんな高倉さんが沖縄に目を向けるきっかけは、ふとしたことからもたらされた。

「オーバカナル」に勤めていた頃に、今で言う〝働き方改革〟が推進されることになり、従業員は順番に1週間ずつ夏休みをとるようにとお達しがあった。トップバッターとして「明日から夏休みをとれ」と指名されたのが高倉さんだった。急に休みをもらっても、海外に出かけるには準備が間に合わず、当日の航空券を手配して沖縄に出かけることにした。恩納村を中心に西海岸を旅してみると、海はこれまで訪れてきたリゾートより美しく見えた。料理も美味しく、ヴィザも必要なければ日本語も通じる。「どうして今までこんな楽園にこなかったのか」と惚れ込んで、いつか沖縄でパン屋を開くことが夢になった。まずは土地のことを知ろうと、沖縄にあるホテルに履歴書を送り、名護市にあるリゾートホテルでパン職人として働き始める。そこで9年勤め上げたのち、独立してオープンしたのが「プレタポルテ」だ。

西日でパンが焼ける心配がないようにと、沖縄本島各地で北向きの物件を探していたときに、那覇市の樋川にある物件と出合った。理想より手狭ではあったけれど、北東向きの物件だから西日に悩まされる心配はなさそうだったし、何より真新しい新築物件だった。3キロ圏内には

5万人が暮らしており、完成したばかりの市営住宅も目と鼻の先にある。目の前にはのうれんプラザもあり、商売をするにはうってつけに思えた。ただ、契約前にお店の近くに1日中佇んでみると、昼間から路上で酒を飲む人たちの姿も見受けられ、「那覇の中でもディープな場所なのでは」と不安もよぎったが、建て替え工事が重なり、生まれ変わりつつある街に賭けてみることにした。メインで扱うことにしたのは、バゲットやカンパーニュといったハード系の食事パンである。

「レストランでは当たり前にバゲットを食べるようにはなりましたけど、家庭で晩ごはんにカンパーニュを切るかなといったら、まだそこまで浸透してないですよね。良いワインとお肉を買って家で食べようと思って、パン屋に行ってみたらバゲットが売っていない——自分自身もそういう経験が多かったんです。僕は〝バゲット難民〟と呼んでいるんですけど、自分自身もバゲット難民だったので、そういう人を少しでも救えたらと、ハードパンがメインのお店にしたいなと思ったんですよね」

道路を挟んだ向かい側には、太平通りがある。この太平通り沿いには惣菜を販売する老舗も多く、高齢の買い物客も多く行き交う。そんな通りの対岸にあって、「プレタポルテ」はパリの街角にあるパン屋のような外観をしており、真っ赤な扉が目を引く。土地柄に合わせて昔ながらのパン屋といった佇まいにするのではなく、現在の外観を選んだことにははっきりした理由があった。

「ハード系の食事パンをメインに売りたいってなると、普通のパン屋の見た目だと訴求力が弱いと思うんです」と高倉さん。「でも、パリにあるような外観にすれば、『ああ、フランスではこういうパンを普通に食べるんだ』と思ってもらいやすい気がしたんです。それに、カレーパンとかクリームパンはありませんよってメッセージにもなるから、『カレーパンはないの？』って聞かれたことないんですよね。お店の見た目をパリのカフェのようにすることで、お客さんとしてもわかりやすいんじゃないかと思ったんです」

昨年4月にオープンしてみると、連日大盛況となった。近隣にポストインで配布した3000部のチラシを手にお客さんがやってきて、「こういうお店を待ってたんだよ」という声が何度も聞かれた。那覇にも〝バゲット難民〟がたくさんいたのだろう。

旅行客として沖縄を訪れている僕にとって、ハードパンは手が出しづらいものだった。ひとりで長いバゲットを買っても、滞在中に食べきれるか定かではない。何よりホテルで暮らしていると、パンを切る包丁もない。ある日、「プレタポルテ」でバゲットを見つめながら、注文するかどうか迷っていると、店頭に立つスタッフの方がこちらの思惑を察し、「ハーフサイズでもご用意できますよ」と声をかけてくれた。しかも、好みのサイズにカットしてくれるというから、パンを切る包丁がなくても問題ない。それならばと注文し、近くにある店で美味し

STOLLEN
2022

そうなワインを買ってホテルに戻った。何もつけないプレーンなバゲットがあるだけでも十分なツマミになり、ワインが進んだ。近年ではまちぐゎーにワイン専門店もちらほらオープンしており、新しい食文化が生まれつつあるのを感じる。

「僕自身としても、ワインを飲みながら自分が作ったパンを食べたいって思いがあったんです」と高倉さん。「その意味では、うちがオープンした半年後に、向かいにリキッドさんがオープンして、すごく心強いですね」

「LIQUID THE STORE」とは、〝飲む〟に焦点をあてた専門店で、美味しいワインも数多く取り揃えている。また、店内にはコザにある自家製ハムとソーセージのお店「TESIO」や、北谷の「タイムレスチョコレート」も併設されている。高倉さんは「プレタポルテ」をオープンするにあたり、「TESIO」のハムを使ったパンを販売したいと考えていたが、コザから仕入れてくるのには距離的な問題があり、断念していたという。ところが、その「TESIO」が歩いて数十秒の距離に出店してくれたことで、現在ではソーセージやベーコンを使ったパンも販売している。

お店の開店時刻は朝7時。クロワッサンやクロックムッシュなど、朝食向けのパンから作り始めて、焼き上がった順に並べていく。店頭にはおおよその焼き上がり時刻が書かれてある。クロワッサンやバゲットなど、パンの中にはぱりぱり感が大事なものもある。湿度の高い沖縄でも、焼きたてぱりぱりのパンを届けたくて、全種類焼き上がってからお店を開けるのではなく、焼き上がった順に並べるスタイルを選んだ。

店内にはフランスのラジオ番組がインターネットを介してリアルタイムで流れている。フランス語はわからなくとも、言葉の抑揚がどこか心地よい。パンを買う際には、お客さんがみずからトングを使って選び取るのではなく、店員さんに注文を伝えるスタイルになっている。店頭に並ぶパンの中には、チャバタやフーガス、ノワレザンなど、日本ではまだ馴染みの薄いパンもあるけれど、スタッフが懇切丁寧に説明してくれる。これもひとつの相対売りだ。お客さんとやりとりする中で、「こんなパンが食べたい」とリクエストを受けることもあるという。

「あるとき、お客さんから『くるみを使ったパンはないの？』と聞かれたことがあったんです。くるみをバゲットに入れて、あんこも入れたフランスあんぱんを出したら面白いかなと思って、くるみあんぱんを商品として並べるようになったんです。パンの神様と呼ばれているビゴさんという方がいて、神戸の芦屋でお店をされていたんですけど、ビゴさんもフランスあんぱんは好きだとおっしゃっていたので、これならビゴさんにも怒られないかな、と。あとは市場がすぐ近くにあるので、『ああ、今はこの果物が旬なんだ』と思ったら、それをデニッシュにのせたり、ブリオッシュにしたり、素材ありきで作ってるものもありますね。そこに関しては、市場が近いというのが一番大きいですね」

リクエストをするお客さんには、年配の方が少なくないのだと高倉さんは教えてくれた。国産小麦を使用し、砂糖を使わずに仕上げていることもあり、「プレタポルテ」のパンは年配のお客さんにも好評なのだ。

「店名のプレタポルテというのは、ファッション業界の言葉で〝高級既製服〟という意味なんです。同じくファッション業界の言葉でオートクチュール――オーダーメイドですよね。もしも2店舗目を出すんだとしたら、次はお客さんの好みやスタイルに合わせたオートクチュールのパンを提供したいなと思っているんです。今は妻と一緒に朝からぶっ通しで働いていて、とても2店舗目どころじゃないんですけど、いつかはそんなお店もやれたらなと思っています」

オープンからまだ2年と経たない「プレタポルテ」だが、冬の定番が生まれつつある。去年と同じく12月1日から販売されたシュトーレンである。

「シュトーレンは、名護のホテルで働き始めたときから、自分のレシピで作るようになったんです。そこから毎年試行錯誤を重ねてるんですけど、今年のレシピは結構いい出来だと思います。去年は初年度だったので、シュトーレンを出して売れるかどうかわからなかったので、とりあえず100本作ってみたんです。12月1日に売り始めたら、10日ぐらいで売り切れちゃって。シュトーレンはフルーツの漬け込みとか準備が必要になるので、追加では作れなかったんですけど、今年は去年の倍の200本作りました」

今年のシュトーレンには、砂糖ではなく、八重山で作られた和三盆を使用している。高倉さんの実家の隣町も和三盆の産地として名高く、和三盆には幼い頃から馴染みがあった。和三盆を使うことで、砂糖特有のべたつきがなくなり、すっと消えていく上品な味わいを出すことができる。それでいて、八重山の和三盆には黒糖ならではのコクもあるのだという。

「シュトーレンはドイツのドレスデンが発祥だと言われているんですけど、ドイツでは12月25日のクリスマスまでの4週間が〝アドヴェント〟と呼ばれていて、このアドヴェントの期間に食べるのがシュトーレンなんです。薄くスライスして、1日1枚ずつ、クリスマスを楽しみに待ちながら食べるお菓子なんですよね。砂糖もバターもたくさん使ってあるお菓子だから、一度に食べると胸焼けするぐらいなんですけど、どうにかしてもっと口どけよくしたいな、と。シュトーレンはどうしても、時間が経つにつれて水分が抜けてばさばさしてくるんですけど、しっとりしたままクリスマスの日まで持つようにしたいなと思って、今のレシピにたどり着いたんです」

いくつになっても、クリスマスが近づいてくるとわくわくする。師走のどこか慌ただしい気配と、冷たい空気のピンとした感じ。まちぐゎーにもクリスマスツリーやイルミネーションが飾られ、お菓子屋さんにはクリスマスケーキの注文票が置かれている。これまではそうした景色を眺めながらクリスマスが近づいていることを感じるだけだったけれど、今年は「プレタポルテ」のシュトーレンを味わいながら、クリスマスまでの残り日数を数えている。とても美味しくて、ぱくぱく食べたくなるけれど、「一気に食べちゃうと、ドイツの方に怒られますよ」と高倉さんが笑っていた姿を思い出して、薄く切った一切れずつを味わっている。

美味しいパン屋さんと出合ったことで、自宅でもパンをカットできるようにと、パン切り包丁を買い求めた。「プレタポルテ」がオープンしたことで、那覇の家庭にパン切り包丁が普及する未来を想像している。

（2022年12月23日発行）

地域住民の憩いの場所を

てる屋天ぷら店・野原由人さん

あれはたしか、2019年の夏だった。オープン間もない仮設市場をぶらついていると、籠にお弁当を入れて配達する人を見かけた。店名が記されたTシャツを見に纏《まと》っている上に、金色に染められた髪が目を引いた。第一牧志公設市場の2階には食堂街があり、そこに出前を注文する市場事業者はよく見かけるけれど、市場の外から出前をとるのは物珍しい光景に感じられた。あれは一体、どこのお店から配達してもらっているのだろう。配達を終えた店員さんは、仮設市場の向かいにある店舗に引き返していく。そこは創業から60年近くを数える「てる屋天ぷら店」だった。

創業者の照屋林徳さんは、大正11年大宜味村生まれ。林徳さんの次女・野原巴さんによれば、もともとは名護でお菓子屋さんを営んでいたのだという。

「父は戦前、那覇の菓子屋さんで修業していたらしいんです。戦後すぐに名護でお店を開いて、従業員もたくさん雇っていたそうです。そこから独立してお菓子屋さんを始めた方もいるらしくて、何年か前に本部から訪ねてこられた方もいました。戦時中は海軍の厨房で働いていたらしくて、料理は上手な人だったから、名護でパーラーもやっていたんです。那覇でもまだアイスクリームが珍しかった時代に、3色アイスクリームを出したり、オムライスを作ったり、クリスマスケーキを売ったり。ただ、時代の感覚が早過ぎたのか、あるいは手を広げ過ぎたのか、店を畳んで那覇に出てくることになったみたいです」

林徳さんは初心に戻り、那覇の松川でお菓子屋さんを始める。ただ、お菓子屋さんを切り盛りするには職人を雇う必要があり、経営を軌道に乗せるのは大変だった。家族だけでまわせる商売はないかと考えて、たどりついたのが天ぷら屋だった。

「当時は昭和30年代で、沖縄の各市町村から那覇に人が集中している時期でしたので、市営住宅が増えてきた頃だったんですね。沖縄も少しずつ経済が向上してきて、新しいおうちを建てる人が増えてきたときに、これまでのような木造家屋じゃなくて、コンクリート造のおうちが多くなったんです。昔の木造家屋なら気にならないけど、新しいおうちが汚れるのが嫌だからと、揚げ物から手を引く人が増えるんじゃないかと父は考えたらしくて、それで天ぷら屋を始めたみたいです」

沖縄の天ぷらは、県外の天ぷらとは少し異なる。衣がぼてっと分厚く、しっかりと味つけがされている上に、1個数十円と格安で販売されていることからおやつとしても食べられている。

また、旧正月やシーミーのお供物にも天ぷらが用いられる。ただ、「てる屋天ぷら店」は〝砂糖天ぷら〟ことサーターアンダギーを専門とするお店だった。

「沖縄ではサーターアンダギーは結納品のひとつとされていて、昔はそれぞれの家庭で作るものだったんです。でも、時代が移り変わるにつれて、店で買い求めるものに変わっていったんですね。この公設市場周辺には、行事ごとに必要なお店がたくさん並んでいたんです。その時代に父はここで店を構えて、隣近所の方達と模合をやりながら、砂糖天ぷら専門で商売してました。その時代には、『結納用のサーターアンダギーと言えばてる屋』と皆さんにご愛顧いただいて、ホテルや料亭にもたくさん届けていたんです」

戦前の沖縄では、結納はそれぞれの家庭でおこなわれるものだった。結納に限らず、さまざまな行事ごとには料理がついてまわる。そういった料理は、集落の女性たちが総出で作っていたそうだ。だが、都市化が進むにつれて、行事に必要になる料理は自分たちで作るものから、現金を出して買い求めるものに変わっていく。

「この牧志公設市場一帯というのは、市民の台所として、行事ごとに欠かせないものを扱うお店が並んでいたんです。でも、段々と観光地化していくうちに、地元の方が買い物にくる場所から、沖縄の食文化を発信する場所に変わっていく。このあたりは裏通りではあるんですけど、昔は『結納用のサーターアンダギーと言えばてる屋』ということで、注文がよく入っていたんです。でも、観光の時代になるにつれて、閑古鳥が鳴くようになって。うちの父はお酒が好きな人で、毎晩桜坂に飲みに行っていたんですけど、下火になるとますますお酒を飲むようになって。そんな紆余曲折を経て、大変な思いをしながらも、どうにかお店を続けてきたんです」

巴さんの次男にあたる野原由人さん（36歳）は、1986年生まれ。僕が仮設市場で配達している姿を見かけたのも、この由人さんだ。

「僕の記憶にあるおじいちゃんは、お酒を飲んでる印象が強いですね」と由人さんは笑う。「その時代には、おばあちゃんと叔父さんが朝から晩までずっと働いてました。僕が小さい頃はまだ、注文がたくさん入っていたんです。ホテルからも結納セットの注文が入ってましたし、お祝い事のときにサーターアンダギーを配る方も多かったんです。僕は保育園に通ってた頃に、途中で抜け出して戻ってきて、お手伝いしてたらしいんです。何度も抜け出して危ないという話になって、保育園をやめさせられるんですけど、ずっと店で卵を割ったり、工場の掃除をしたりしてた記憶がありますね」

数台のショーケースに満杯に積み上げられたサーターアンダギーは、飛ぶように売れていた。仕事は忙しく、祖母や叔父は慌ただしく働いていたけれど、その姿はどこか楽しそうだった。どんなに忙しくても、お昼になれば家族揃ってごはんを食べて、幼い孫のことも気にかけながら働く余裕があった。「自分は外孫のほうなんで、いつか継ごうと思っていたわけではないんです」と語る由人さんだが、商業高校に進学し、大学でも経営学を学んだのは、「お店のことが頭の片隅にあったのかもしれないです」と振り返る。

「てる屋天ぷら店」はやがて代替わりし、叔父の徹さんが切り盛りするようになっていた。大学を卒業すると、由人さんは大手コンビニチェーンに就職し、店舗運営のマネジメントをおこなうスーパーバイザーとして働いた。21世紀に入る頃には、県内各地にスーパーマーケットが増えたことで、行事ごとのときにまちぐゎーまで買い物にくる地元客は減りつつあった。また、結納用のサーターアンダギーもホテルが独自に作るようになり、結納をおこなわない家も増え始めていた。まちぐゎーに観光客が増えると、サーターアンダギーを販売するお店も増え、裏通りに位置する「てる屋天ぷら店」は苦境に立たされていた。お店を繁盛させるには、何が必要なのか。陳列ひとつとっても、コンビニの商品は人間の行動心理学を生かして配置されており、参考になることはたくさんあった。

「しばらくスーパーバイザーとして働いているうちに、中国から観光にくる人たちが増えてきたので、コンビニを辞めて、中国語を勉強するために1年半ぐらい留学したんです。ただ、日本に帰ってきてすぐ店を継いだわけではなくて。段々と下火になってきたのを見ているので、自分が今継いでもうまくいかないなと思ったんです。だから、お店の様子を見ながらも、外で勉強してこなきゃと思って、べにいもたるとが有名な「ナンポー」に入社したんです。そこで

てる屋
てる屋
注文承ります!!

働けば、沖縄の特産品やお土産品がどうすれば売れるのか、学べるんじゃないかと思ったんです」

由人さんが営業職として担当することになったのは、地元・那覇エリアだった。そこで働くことで、お菓子の製造・流通に関する知識も身についたが、痛感したのは対話の大切さだったという。

「お店が繁盛するには、味が美味しいことももちろん大切なんですけど、営業の仕事は対話することが一番重要だなと思ったんです。いくら美味しいものを作っても、知ってもらうきっかけがないと、手にとってもらえなくて。とにかく外に出て、お店の方たちと話をして、今の市場の状況を知る。そこでどんな商品が売れているのか、どんな商品が必要とされているのか、ひとつひとつ話を聞いていく――営業として働いていたとき、とにかく対話することを大事にしていたんです。何度も足を運ぶうちに、この市場界隈の方たちとも仲良くなって、今でも付き合いがありますね」

営業マンとして働いているうちに、店を切り盛りする叔父も年齢を重ね、「そろそろ店を畳もうかと思う」と漏らすようになっていた。転機となったのは、市場の建て替え工事が決まったこと。工事期間中に仮設の市場が置かれることになったのは、「てる屋天ぷら店」の真向かいにあるにぎわい広場だった。

仮設市場がやってくる――お店をふたたび繁盛させるには、これ以上ないチャンスに思えた。それをみすみす見逃して、祖父母や叔父、叔母たちが切り盛りしてきたお店をなくしてはいけないと、お店を継ぐ決心をする。小さい頃から祖父母のそばで育ったこともあり、従兄弟たちからは「次にやるのはお前しかいなかった」と感謝の言葉をかけられたという。

「店を継ぐと決めたあと、市場にいる先輩方に『仮設で営業するあいだ、まわりの店に何を望んでますか？』と聞いてまわったんです。皆さん仕事が忙しくて、外に食事に出る時間がないみたいで、『やっぱり、ごはんじゃない？』という声が多かったんですよね。このあたりだと、沖縄そば屋さんはありますけど、定食が食べられるお店や朝ごはんが食べられるお店がないな、と。それに、このあたりに買い物にくるのは年配の方も多いんですけど、地元の人たちがゆっくり座って過ごせる場所がないというのもあったんです。サーターアンダギー1個買ってもらうだけでもいいから、ゆっくり座って休憩できる場所が作れたらと思って、食堂を始めることにしたんです」

飲食の経験はなかったが、叔父と一緒にお店を切り盛りしてきた伯母の徳子さんは調理師免許を持っていた。叔父には引き続きサーターアンダギーを作ってもらう他に、県内各地の沖縄天ぷらを食べ歩いて、もずくやあん餅などの天ぷらも販売することにした。店舗に改装工事を施し、リニューアルオープンをしたのは2019年2月のことだった。

てる屋
TEL 866-6384

「仮設市場がオープンしてからだと遅いなと思ったので、半年前には開けたいと思っていたんです。いつから営業しようかと探っていたんですけど、悩んでいても決まらないから、『とりあえず開けてやれ』と旧正月に営業を始めたのがスタートです」

リニューアル当初のメニューは、日替わり定食の1種類のみ。朝8時にはお店を開けて、500円でワンプレートの料理を提供していた。最初から大繁盛とはいかなかったが、知り合いが弁当を注文してくれるようになった。弁当を籠に入れて配達する由人さんの姿を見て、「あんた、どこの店ね？」と地元の方たちに呼び止められるようになり、少しずつ注文が増えてゆく。

「やっぱり、お店で営業してるだけだと、気づいてもらえなかったと思うんです」と由人さん。「とにかく知ってもらうために、ユニフォームも作って、髪も金髪にして、籠を持って――まわりに気づいてもらえるように、とにかく目立たなきゃと思っていたんです。最初のうちは8時から朝食を中心にやっていたんですけど、そのうち『ランチが食べたい』という人が増えてきたので、ちょっとメニューを増やして今は10時から18時頃まで営業しています」

リニューアル・オープンから1年を迎えるあたりで、コロナ禍となった。ショーケースに並べたサーターアンダギーと沖縄天ぷらがひとつも売れないまま店を閉める日もあった。それでも営業を続けてこられたのは、向かいにある市場の店主たちのおかげだと由人さんは振り返る。

「コロナでお客さんがいなくなったときも、市場の人たちは弁当を注文してくれたんです。『今日も暇だね』と言いながらも、『またお客さんが戻ってきたら、どんなふうにやっていこうか』と話していて——とにかく皆さん、どんな日でも明るかったんですよね。市場の活気ある方たちのおかげで、コロナ禍にも営業を続けてこられたような気がします」

3年に及んだ建て替え工事を経て、いよいよ新しい第一牧志公設市場の完成が近づいている。仮設市場は撤去され、市場はふたたび100メートル離れた場所に戻ってしまう。ただ、「この3年のあいだに、てる屋のことを知ってもらえたと思うんです」と、由人さんは前向きに考えている。

「僕としては、仮設市場があるうちに、うちの店のことを知ってもらうのが一番の目標だったんです。これから市場が元の場所に戻っても、弁当を注文してくださる方はいると思うんですよね。この3年間で知り合った方との縁は、これからも続いていく。それに、仮設市場の跡地も、駐車場になるのか元の広場になるのか、なにかしら新しい場所に生まれ変わると思うんです。この通りには節子鮮魚店さんをはじめとして良いお店が点在してるので、その中のひとつになれたらいいな、と」

新しい市場がオープンするのに合わせて、空き小間には公募がかけられている。倍率は高くなりそうだが、申し込んでみるつもりだと由人さんは語る。市場の小間が借りられたら、そこでサーターアンダギーと沖縄天ぷらを販売し、現在の店舗はゆっくり休憩してもらえる場所に特化できたらとアイディアを練っているところだ。最近は定休日に店舗を那覇市の包括支援センターに提供し、「認知症カフェ」を開いている。認知症カフェとは、認知症の当事者や家族が孤立しないように、地域の中で集う場を提供するサロンのようなものだ。

「最近は観光客向けのお店が増えてはいるんですけど、地元の人たちを絡ませた地域づくりをやっていかないと駄目だと思うんです。僕らが小さい頃だと、周りの人たちも『あの子はどこの子か』ってわかってるから、このあたりを歩いているとよく声をかけられてたんですよね。時代が時代なので、声をかけづらい状況になってはいるんですけど、道端で会った人たちと言葉を交わすのは大事なことだと思うんです。あとはやっぱり、もっと若い子たちが遊びにこれる地域になってほしいな、と。若い子たちだと、まちぐゎーにきたことがないって子も増えてると思うんですけど、ＯＢ訪問で母校に行くときにはサーターアンダギーを持って行って、『市場界隈にくることがあったら、かき氷ご馳走するから遊びにおいでよ』と声掛けはするようにしてますね」

取材を重ねてきたことで、まちぐゎーを歩くと、前に話を聞かせてもらった方に話しかけられる機会が増えた。すれ違いざまに、短く言葉を交わして、別れてゆく。そんなやりとりが続くと、ひょっとしたら自分もまちぐゎーのひとびとのひとりになっているのかもしれないなと感じる。

コロナ禍が始まったばかりの頃に、誰かと対面して言葉を交わすことがネガティブに受け止められる時期もあった。これまでは街のあちこちにベンチが置かれていたが、その数も少なくなった。そんな時代だからこそ、弁当を入れた籠を提げて街を行き交いながら、知り合いの店主たちと挨拶を交わし、時に立ち話をする由人さんの姿が目に留まり、こうして話を聞かせてもらったのだ。

誰かと言葉を交わすことを、わたしは求めている。そんな瞬間に期待して、わたしは街に出る。

まちぐゎーにあるお店には、来客用の椅子が用意されてあることが多い。馴染みの買い物客がやってくると椅子を出し、談笑する店主の姿をよく見かける。いたるところにコンビニやスーパーマーケットが存在する時代に、わざわざ市場に足を運ぶ買い物客は、商品を買い求めるだけでなく、何か一言でも言葉を交わすことを欲しているのではないか。

サーターアンダギー専門店から食堂に商売替えをした今も、「てる屋天ぷら店」は誰かの憩いの場になっている。

（2023年1月27日発行）

路地裏にある人間交差点

Ｃａｆｅ　Ｐａｒａｓｏｌ・棚原ジャンさん

　まちぐゎーの取材を始めてからというもの、路地から路地へと歩き続けている。まだ右も左もわからなかった頃に、パラソル通りを歩いていると、「こんにちは」と声をかけられた。この界隈では、通りを歩いていても店主から声をかけられることは珍しく、少し意外な心地がして足をとめた。そこは「Ｃａｆｅ Ｐａｒａｓｏｌ」という小さなコーヒー屋さんで、軒先には数人だけ腰掛けられるベンチが置かれてあった。

　そこで最初にコーヒーを頼んでから、５年が経とうとしている。ベンチに腰掛け、コーヒーを飲ませてもらっているあいだ、店主の棚原ジャンさんはいろんな話を聞かせてくれた。そこで語られるジャンさんの半生には、僕が足を運ぶようになる前の時代の沖縄が――昭和という時代の空気が詰まっているように感じられた。

「僕は昭和31年生まれなんだけど、うちの母親はもともと基地の中でメイドをしていたんだね」。ジャンさんが語る。「当時はドルが強かった時代でしょう。うちはとっても貧乏だったけど、母親がいろんなものをもらってきてくれたから、食べるものには困らなかった。3軒かけもちして働いてたんだけど、彼らは3年経つとアメリカに帰るから、要らないものを置いていくわけよ。アメリカの冷蔵庫だったり、家具だったりね。でも、一番嬉しかったのは食べ物だね。それとは反対で最悪だったのは、コンバースの紐付きシューズ」

その時代には、コンバースの靴を履いている小学生なんていなかったに違いない。そこでコンバースを履けるなんて自慢になりそうなものだけど、皆と違う靴を履くのは嫌だったとジャンさんは振り返る。他の子たちが履いているのは紐なし靴だから、すぐに靴を履いて駆け出していく。紐靴を履くジャンさんは、結び直すのに時間がかかって皆より一歩出遅れることになる。「忘れもしない、あの靴が低学年の頃の思い出として残ってる」とジャンさんは語ってくれた。

「僕と同じように、母親がメイドの仕事をしてるやつがいて、そいつもコンバースの紐靴を履いていたね。そいつの靴は大きくて、母親に不満を漏らしても、『贅沢言わんよ、新聞紙でも詰めて履いておきなさい』と言われていたね。ヤツもやっぱりハーフでね、父親がいなくて、同じ境遇だからか親同士が仲良かったんだね。でも、あとで養子に出されて、アメリカに行っちゃった。あれは寂しかったよね。あんな頃はまだ片親に対する偏見もあったし、ハーフだと〝アメリカの落とし子〟と言われて偏見もあるから、こどもを養子に出す親も多かったんだよね。僕のように黒人系のハーフは少なかったけど、白人系の子は結構いて、急に姿が見えなくなった子が何人もいた。そういう時代だったから、ずっと手放さずに育ててくれた母親には感謝してる」

コザの小学校に通うこどもたちには、沖縄とは異なるルーツを持つこどもたちも少なからずいた。ミックスの子がいじめの対象となることもあった。負けん気が強かったジャンさんは、そうした空気に反発するように喧嘩に明け暮れていたという。そんな息子を見かねて、母は名護にある全寮制のミッションスクールに入学させた。そこで穏やかな3年間を過ごしたのち、高校進学とともに地元に戻ってくる。

「そこでまた爆発して、やんちゃが始まるんです」と、ジャンさんは笑う。やんちゃといっても喧嘩をするのではなく、アルバイトに精を出し、自分で学費を稼ぎながら、余ったお金で遊びに出かけた。コザのゲート通りは今より賑わっており、米兵がインド人の経営するテーラーで服を仕立てるのを見れば、自分もシャツを仕立ててもらった。「週末になるとミュージックバーに遊びに行って——遊びに行くっていっても早い時間だけどね、バーテンダーのお姉さんに『今だったら大丈夫だよ』と入れてもらって、こんな薄いラムコークを飲んで、大人になった気分になってたんだね。ＧＩが来たら、『ハーイ、ハロー』なんて言ったりね。そういう意味でのやんちゃをしてた感じだね」

高校時代、一番長くアルバイトをしたのは「カルテックス」だ。そこには沖縄ヒルトンホテルの送迎バスがちょくちょく給油に訪れていた。高校3年を迎えたある日、ヒルトンのベル・キャプテンが給油にやってくる。そこで働くジャンさんを見て、「君、英語は話せる?」とベル・キャプテンが尋ねた。「カンバセーションくらいなら」とジャンさんが答えると、よかったら週末にアルバイトにこないかとスカウトされる。

「ガソリンスタンドも接客業だけど、接客が好きだったし、海外のお客さんからよくチップをもらってたわけ。ベル・キャプテンも、それを見てたのかもしれないね。それでヒルトンで週末にアルバイトを始めたら、もう面白くて。バゲージを持って部屋に案内したら、チップがもらえる。そこにはいろんな人種のお客さんがきて、基地に勤めている将校クラスの人たちもくれば、嘉手納基地に飛んでいたノースウェストやワールド・エアウェイズって航空会社のクルーも泊まりにくるから、楽しくて勉強になるわけ。サービス業が性に合ってたのもあるけど、いろんな人種がいることで、なにかホッとできた自分がいたのかもしれないね。やっぱり、ここが自分の居場所だと思ったからね。うちの母親も『あんたに合ってる』と言って、友達を誘って何度もごはんを食べにきてたから。そこで働く中でビシビシ鍛えられて、サービス業とはなんぞやということを教え込まれた気がするね」

沖縄ヒルトンホテルは、沖縄初の本格的な大型リゾートホテルとして1971年に開業している。観光客と米軍将校向けのホテルとあって、フロントマネージャーは厳しく、「お客さんの一言で、何を要求されているのかわかるようになりなさい」と指導された。

「チェックインしたあとに、お客さんが僕らベルボーイに質問してくるわけ。たとえば『沖縄市内の地図はありますか？』と言われたときに、沖縄市内の地図だけ持っていくんじゃなくて、恩納村あたりの地図も一緒に持っていくとかね。お客さんが何を知りたいのか、どういうサービスを求めているのか、一言からわかるようになりなさい、と。当時はまだ10代だったから、『一言でわかるわけないじゃんか』と思っていたんだけど、働いているうちにマネージャーが言わんとしていることがわかってくるんだね。ああ、経験者が言うことは深いんだなと思い知った。若いときって自分の可能性をどんどん求めるから、こんな狭い島にいちゃいけないと思って、二十歳のときに東京に出るわけだね」

ここで語られる「狭い島」という言葉には、ジャンさんの少年時代が影を落としているように感じる。

高校卒業後、沖縄ヒルトンホテルに就職していたジャンさんは、東京ヒルトンホテルに異動願いを出し、二十歳で上京する。最初に暮らしたのは、原宿にある六畳一間のアパート。トイレは共同で風呂はなく、近くの銭湯に通う生活だった。テレビでは銭湯を舞台とするドラマ『時間ですよ』が放映されている時代でもあり、銭湯通いも楽しかった。「浅田美代子みたいな子が番台に座っているのかと期待してたけど、実際にはおばあちゃんが座っていて、ああ、あれはドラマの世界なんだなと思ったね」とジャンさんは笑う。

原宿には当時、セントラルアパートがあり、カメラマンやデザイナー、コピーライターといったクリエイターが部屋を借りていた。その1階には「レオン」という喫茶店があり、時代の先端をゆく業界人の溜まり場になっていた。この時代には、「ここに行けばなにかがある」という場所が街の中にあったのだ。原宿に暮らし始めたジャンさんも、この「レオン」に通うようになり、それが人生の転機を運んでくる。

「レオンに出入りして、今でも連絡を取り合う友達もたくさん作ったんだよ」とジャンさん。「あるとき、レオンでお茶してたら、スタイリストの北村道子さんにスカウトされて、青山にあるアダムスというモデル事務所を紹介されたんだね。ファッションも好きだし、興味があったから、ヒルトンで働きながら、たまにアルバイトでモデルの仕事をしていたわけ。若い頃から好奇心旺盛で、いつも『What's new?』だから、モデルの仕事にも興味があったんだね。ひとつ大きい仕事をさせてもらうと、いろんなデザイナーから声がかかるようになって。六本木のダンスコンテストなんかに出てたから、ちょっと動けたんだね。やんちゃだったのさ、変な話」

ホテルマンとして働きながら、モデルの仕事を続けるジャンさんには夢があった。それは、

Pokémon the movie

自分で店を切り盛りしてみたいということだった。25歳で結婚したジャンさんは、ヒルトンを退職し、妻の郷里である愛知県に移り住んだ。1年近くアルバイトをしてカクテルをおぼえて、名古屋で「ジョンズ・バー」をオープン。お店は大いに賑わったが、創業から8年ほど経ったところでバブルが崩壊し、景気は冷え込んだ。こどもたちを育てるためにジャンさんはサラリーマンとなり、横浜で暮らし始める。

「子育てをしながら、20年近くサラリーマンをやったけど、ほんと向いてなかったね」。ジャンさんは笑いながらそう語る。「サラリーマン生活から逃げるように、週末は自分の趣味の世界に走るようになったわけ。そのひとつが、コーヒー屋めぐり。僕はもともと紅茶党だったんだけど、あるとき伊勢崎町の駅を出てすぐの店でアイスコーヒーを飲んでみたら、すごく美味しかった。そこから『コーヒーを突き詰めてみよう』と、コーヒー屋めぐりを始めたの。そうすると、店主によって蒸らし方が違うことに気づくわけ。そこからは必ずカウンターに座るようにして、何秒蒸らしているか、時計を見るようになった。そこでコーヒー豆を買って帰って、同じ時間蒸らして、妻と自分のコーヒーを淹れてみる。それを繰り返しているうちに、どんどん自分の好みがわかってくるんだね」

ただ、コーヒー屋巡りはあくまで趣味で、自分で店を始めることは考えてもいなかった。こどもたちが社会人になり、子育てが一段落したときに、海の近くで自分の店を構えて過ごすのもいいかもなという考えが浮かんできた。そんなある日、シーミーに合わせて里帰りすることになった。シーミーとは、春におこなわれる墓前行事を指す。親族がお墓の前に集まり、先祖を偲んで供養する。重箱料理をお供えして祈願したあと、ウサンデーしたお供物を皆で食す。このシーミーの季節には多くの人が郷里に移動するので、各地で渋滞が発生するほどだ。沖縄を離れてからも、ジャンさんはシーミーの季節になると里帰りしていたという。

「最初に自分の店をやろうかと考えていたときは、横須賀や葉山あたりがいいかなと思っていたわけ。海の近くで民家を借りて、そこで暮らしながら店もやる。シーミーのときに沖縄に帰ってきて、ふたりの姉にそんな話をしたら、『あんた、海だったら沖縄でしょ』と。仏壇は姉に預けていたんだけど、僕は長男だから、いつか沖縄に戻ってきて自分が見なきゃいけないなというのは頭にあったわけ。寒いのもちょっと苦手だし、いろんなことを総合的に判断して、沖縄に帰ってくることに決めたんだね」

最初に開いたのは居酒屋だった。名古屋でバーを営んでいた経験もあり、国際通りから路地に入ったあたりで5坪ほどの店をオープンする。ただ、酔客相手だと閉店時間を過ぎても居座る客がいて、帰りが遅くなる日が続き、居酒屋は2年ですっぱり切り上げることにした。これからどうしようかと考えていたときに、ジャンさんの目に留まったのはまちぐゎーの物件だった。

「居酒屋をやっていたときに、市場まで仕入れにきてたわけ。こういう風景には馴染みがあって、面白いなと思っていたんだよね。コザにはゴヤ市場というのがあって、肉売り場とか魚売り場が並んで、かなり賑わっていたんだね。トタン屋根で、ちょっとバラックな感じがあって――今の自分の店があるあたりによく似てる。懐かしい雰囲気があって、面白いなと思っていたんだよね。それでこの界隈を歩いていたときに、気になる物件を見つけたわけ」

その物件は、市場中央通りと浮島通りの交差点にあった。階段の踊り場の下に、わずか1坪のスペースがあった。ジャンさんはそこを間借りする形で、テイクアウト専門のコーヒー屋「島Ｃａｆｅ」を始めることに決める。それが２０１４年の秋だ。

「最初の頃はね、人が通りかかるととにかく頭下げてたね。『こんにちは！』とか、『天気いいねえ！』とか、とにかく挨拶する。あの頃はもう観光客が増えてた時代だから、『ちょっと寄ってかない？』と声をかけたりね。当時は1杯２５０円で出して、1日に１００杯売ることもあったわけ。それを見ていた地元のおばあちゃんたちが、『あんたは頑張ってるね、ちょっと飲んでみようね』と足を運んでくれるようになったんだね。『今から友達がくるから、うちの店までコーヒー2杯持ってきて』と注文されたりね」

ジャンさんのお店はテイクアウト専門店で、近くのお店まで配達することは考えていなかった。ただ、ひとりでお店を切り盛りする市場界隈には、近所のお店まで出前を届ける配達文化がある。何より、長年サービス業界で働いてきたジャンさんには、「頼まれたことは断らない」というモットーがあり、近場の店に限って配達も引き受けるようになった。

「ホテルで鍛えられた経験があるから、お客さんに頼まれたことは断らないというのが自分の中にあるわけ。ただ、『少し時間がかかりますよ』と伝えておく。もしも5分かかりそうだったら、『10分以内に持っていきます』と言っておく。早く持っていくぶんには喜んでもらえるからね。ホテルでフロントマネージャーから『お客さんの一言で、その奥にある気持ちをわかるようになりなさい』と言われた意味が、年を重ねるにつれてわかるようになってくるんだね」

ただ、「島Ｃａｆｅ」があるのは浮島通り沿いで、アーケードに覆われておらず、雨が降ると商売にならなかった。雨の日でも落ち着いて営業できる場所はないものかと考えていたときに、近くに工房を構えるクラフト作家の女性が「島Ｃａｆｅ」を訪ねてきて、「ドイツ人の彼氏と結婚して、ドイツに移住することになった」と話してくれた。彼女に工房を案内してもらうと、一目見て図面が浮かび、「ここで店を開きたい」とジャンさんは思い立つ。そうして大家さんを紹介してもらって、２０１５年に現在の場所で「Ｃａｆｅ Ｐａｒａｓｏｌ」をオープンする。

「表通りだと、お客さんはたくさん拾える。でも、コーヒーを飲む側からしたら、ちょっと落ち着いて飲みたいよね。そういうお客さんは、路地に入ってくると思うんだよね。それに、今の場所はボトルネックになっていて、人が行き交う場所なわけ。あそこでお店をやっていると、地元のお客さんも通るし、観光客も通る。その橋渡し役になりたいという思いはあるかもしれないね」

コーヒー屋を始めて8年近く経つ。そのあいだに、まわりの風景も大きく変わりつつある。店名の由来ともなったパラソル通りには、かつてパラソル付きのテーブルと椅子が置かれていた。でも、この通りにたむろしてお酒を飲む人がいると苦情が入り、那覇市はテーブルと椅子を撤去してしまった。

「市場が建て替え工事に入ったのは、このあたりでも昭和という時代がいよいよ終わりを迎えたってことなんだと思うね」。ジャンさんは語る。「まあでも、通りが変わったとしても、自分は変わらずやっていこうと思っているよ。コーヒーを飲みにきてくれたお客さんを出迎えて、楽しい気持ちで帰ってもらう。だからね、うちはお客さんを選んでるよ。マナーが悪い人はすぐ断る。そうしないと、良いお客さんが離れていく。『ここはお気に入りだから、大切な人を案内しよう』と思ってもらうためには、僕らも努力しなきゃいけないわけ。真面目にやっていれば、真面目なお客さんがきてくれる。そこは面白いところだね」

「Ｃａｆｅ Ｐａｒａｓｏｌ」は、わずか1.2坪の小さなお店だ。近年では大型店舗も増えつつあるが、まちぐゎーには小さなお店が数え切れないほどある。それがまちぐゎーの魅力でもある。お店を切り盛りする側からしても、その小ささにはメリットがあるのだとジャンさんは教えてくれた。

「まず、この年齢になると、人に使われるのが苦手になってくるよね。この狭さなら、ひとりで自由にやれる。面積が狭いってことは、それだけ家賃も低くて経費がかからないから、気楽にやれるんだね。それと、必要以上に儲けようって意識がないのもある。儲けたかったら人を雇って大きくするのかもしれないけど、自分ひとりが食べていけたらそれで十分。年金だけで生活することもできるけど、立って歩けるあいだは少しでも社会に参加したいって気持ちもある。家にこもって過ごすより、自分の趣味を活かして商売ができれば、そのあとで飲む酒はもっとうまくなる。この年になると、お金儲けより人儲け。つまり、いろんな人と知り合いになりたいんだね。これが楽しいわけ。もうすぐ67歳になるけど、今も『What's new?』で、生きているあいだはいろんなことを知りたいと思いますね」

まだパラソル通りにテーブルと椅子があった頃は、僕はそこで原稿を考えたり、本を読んだりして過ごすことが多かった。そこに座っていると、ジャンさんがお客さんと談笑する声が聴こえてきた。近くでお店を切り盛りする方もいれば、たまたま通りかかった観光客もいる。多種多様なお客さんを相手に、ジャンさんがさりげなく切り出す会話が、また絶妙なのだ。あるとき、「午前中までは南から風が吹いていたけど、だんだん北向きに変わってきてるね」と話しているのが聴こえてきたことがあった。沖縄では、風向きが変わると季節も変わる。さりげない日常会話はこんなふうにするものなのかと思わず膝を打った。

「商売をしているとね、何気ない会話が大切なんだよ。コーヒーを淹れるには、2、3分かかるわけ。そのあいだに沈黙が流れると、俺は仕事で淹れているから平気でも、お客さんからすると退屈に感じる。その退屈をどうやったら埋められるか。そういうことを考えるわけ。せっかくなら楽しく仕事したいし、ちょっとした会話が何かにつながるかもしれない。他愛もないことが意外と大切なんだね。美味しいコーヒーを淹れるだけじゃなくて、それにちょっとプラスアルファを加えるのが自分の仕事だと思ってる。だからちょっとした会話が大事なんですね。君もきっと、年を取るとそうなってくると思うよ」

昭和の面影を残していたまちぐゎーも、市場の建て替え工事とともにようやく平成に移り変わり、やがて令和の時代に追いつくのだろう。僕がジャンさんの年齢に追いつくまで、あと四半世紀ある。その時代になっても、昭和生まれのひとりとして、ジャンさんが大切にしている昭和の精神を引き継いでいたいと思っている。

Tシャツに宿る「マブイ」

SOUKO・金城宇隆さん

　市場界隈には路地が張り巡らされている。かつては那覇でいちばんの賑わいを誇った平和通りに、現在多くの観光客が行き交う市場本通り。このふたつの大通りに挟まれた場所に、むつみ橋商店街という渋い通りがある。国際通りから商店街に入ってすぐの場所に、アーケードゲームの筐体《きょうたい》が置かれ、キン肉マンや特撮映画のフィギュアが所狭しと並ぶお店がある。「SOUKO」というTシャツ屋さんだ。

「最初はもっとシンプルな内装だったんですけど、どんどん増えて今の状態になってます」。店主の金城宇隆さん（45歳）はそう教えてくれた。棚に並んでいるけれど、フィギュアは売り物ではない。「ここにいる時間が長いから、自分の好きなもので埋めているうちにこうなったんです。自宅に置ききれないから店に並べてるのもあるんですけど、これがあることによって話しかけてもらえることもあるんですよね」

　金城さんは1977年生まれ。実家はまちぐゎーの近くにあり、物心がついたときから界隈の風景には慣れ親しんでいた。「僕らが小さい頃だと、平和通りは人が多過ぎてまっすぐ歩けなかった記憶があります」と金城さんは振り返る。

「最近、市場のまわりで工事をしてて、アーケードを外してるのを見たときに、『そういえば昔はこういう風景だったな』と思い出したんです。アーケードがなかった時代は、カラフルなパラソルだとか、ビニールシートをかけて日よけしてたな、って。その時代はまだ、地元客向けのお店が並んでたんです。こどもにとっても、学校帰りにたむろできる場所がいっぱいあったんですよ。ファストフードもあったし、ゲーセンもあったし、このへんが沖縄の中心地みたいな感じだったと思うんです。でも、僕が大学で県外に行って戻ってきたら、土産物屋さんだとか観光客向けのお店が一気に増えていたんですよね」

金城さんが高校3年生だった1995年は、終戦から50年という節目を迎えた年でもある。この年、大田昌秀沖縄県知事は「美ら島おきなわ観光宣言」を発表し、観光立県を表明した。2000年には沖縄サミットが開催され、2001年にはNHK連続テレビ小説で沖縄を舞台とする『ちゅらさん』が放送され、沖縄を訪れる観光客は右肩上がりに増加してゆく。その時期に金城さんは沖縄を離れ、大学生活を送っていた。

「なにか目標があったわけでもないんですけど、なんとなく東京に行ってみたいなというぐらいの感じで、沖縄を出たんです」と金城さん。「その時点で『いつか沖縄に戻る』と考えてたわけではないですし、そのまま東京に残ってサラリーマンになった友達もいるんですけど、僕はここでの生活は無理かもしれないなと思って帰ってきたんです。東京って、何にしても並ぶじゃないですか。ごはん食べに行くにも並ばないといけないし、イベント行くにも並ばないといけないし、電車乗るのも並ぶじゃないですか。その生活は耐えられないと思ったんですよね。それに、東京で友達もできたんですけど、皆それぞれ地方から出てきてる子たちだったんです。そうすると、大学を卒業したら地元に帰る子も多かったんですよね。東京に住んでると、急にひとりぼっちになったような気持ちになってしまうことがあって。でも、ここにいれば誰かしらまわりにいる。それで帰ってきたところもありますね」

東京で暮らしていても、東京に染まるという感覚はなかった。向こうでは標準語で話していても、休みを利用して帰郷すると、空港に降り立った瞬間に「急にスイッチが入って、沖縄のイントネーションに戻ってました」と金城さんは笑う。

大学卒業後、金城さんは社会人スクールに通うことに決める。当時は就職氷河期を迎えており、2000年には新規大学卒業者に対する有効求人倍率が0・99と過去最低の水準を記録している。沖縄県でも、新規大学卒業者の就職内定率は48・1パーセントにまで落ち込んでいる（全国平均は91・1パーセント）。

「僕らの世代だと、大学に入れば就職はどうにかなると言われてたんですよ。でも、大学に入った途端に氷河期になって、『大学を出たからといって就職できると思わないでください』と入学式で言われて。社会人の学校に通ったのも、就職に有利になるかなと思って行くことにしたんです。大学は法学部だったんですけど、4年間勉強した結果として『これじゃない』という感じがあって、そこでは法律じゃなくてデザインの勉強をすることにしたんです」

社会人スクールを出たあと、金城さんは就職してデザイン関係の仕事をしていた。何度か転職も経験し、何社目かに勤めた会社で担当したのがTシャツをデザインする仕事だった。

「就職して働いてたときから、『いつか自分で店をやれたらいいな』って、やんわりと思っていたんです」と金城さん。「その会社は卸売りもやってんたんですけど、卸すより自分で店を構えて売ったほうが利幅がとれるんじゃないかと思ったんですよね。その会社はなくなってしまったんですけど、そこで働いてるときにTシャツをプリントしてくれる会社の人とも繋がりができたので、自分で店をやっちゃおっかな、と」

お店をオープンするなら、小さい頃から馴染みのあるまちぐゎーにしようと心に決めていた。その時代にはもう、観光客向けのお店が多くなっていたけれど、現在ドン・キホーテになっているビルには那覇ＯＰＡがあり、「国際通りのれん街」になっているビルでは沖縄三越が営業していて、地元客が立ち寄る場所も残されていた。市場界隈で物件を探したところ、むつみ橋通りにかつて衣料品店だった物件が貸しに出ていた。そうして２０１１年、金城さんは現在の場所で「SOUKO」をオープンする。

軒先には、「マブイくん」というキャラクターが描かれた立て看板を出している。お店を営む知り合いに、「なにか顔になるようなキャラクターがあったほうがいい」とアドバイスされ、編み出したものだ。マブイくんが描かれたTシャツは、お店の看板商品でもある。

観光客が「沖縄」からイメージするものはいくつもある。ハイビスカスにシーサー、パイナップルにゴーヤー、三線《さんしん》に花笠にヤンバルクイナ――看板キャラクターに使いやすいアイコンはたくさんあるけれど、「そういうのはもう、お腹いっぱいなんじゃないか」という気持ちがあったのだと金城さんは振り返る。

マブイとは、うちなーぐちで魂を意味する。びっくりすると体内からマブイが抜け落ちるとされ、早めに拾わないと病気や不運が続くとされている。ただ、店頭には「マブイ」という言葉の説明は書かれていない。

「ここを立ち上げたとき、沖縄の人にも来てほしいし、県外の人にも来てほしいって気持ちがあったので、沖縄感を全開で出さないようにしてたんです。マブイが何かわからなくても、沖縄の人たちが描いてるってだけでいいんじゃないかと思ったんですよね。『マブイって何ですか?』と聞かれたら説明はしますけど、それが何か知らなくても、このTシャツを着たいと思ってもらえたらそれでいいかな、と」

最近だと、沖縄の企業ロゴが描かれたTシャツを着た観光客をよく見かける。グループごとにお揃いのTシャツを着て旅をするのが今の流行りなのだろう。昔であれば、同じ柄の格安アロハシャツを着ているグループ客を見かけることもあった。お揃いのシャツは旅先で着るコスチュームになっている。観光客の中には、旅行を終えると箪笥の肥やしにしてしまう人も少なからずいるけれど、デザイナーである金城さんには「旅行から帰っても普段使いしてもらえるものであってほしい」という思いがある。

「会社に勤めていたときは、自分が作ったTシャツをわりと雑に扱われることもあって、そうすると寂しい気持ちになるんです。買って帰ったあとで、そのまま仕舞われる物じゃなくて、県内の方にも県外の方にもずっと着てもらえるデザインにしたいと思っているんです。だから、あんまり沖縄感を全面に出さないようにしてます」

店内に並ぶTシャツには、毒霧を吹きかけるマブイくんや、パイプ椅子にはまったマブイくんなど、プロレスを連想させるモチーフのものが少なくない。棚に目をやると、プロレスのマスクもいくつか並んでいる。

「プロレスはもともと好きだったんです」と金城さん。小さい頃からゲームが好きで、PCエンジンの『ファイヤープロレスリング』というゲームソフトにハマり、そこからプロレスが好きになった。サラリーマン時代には、沖縄のプロレス団体のグッズデザインを手掛けたことが

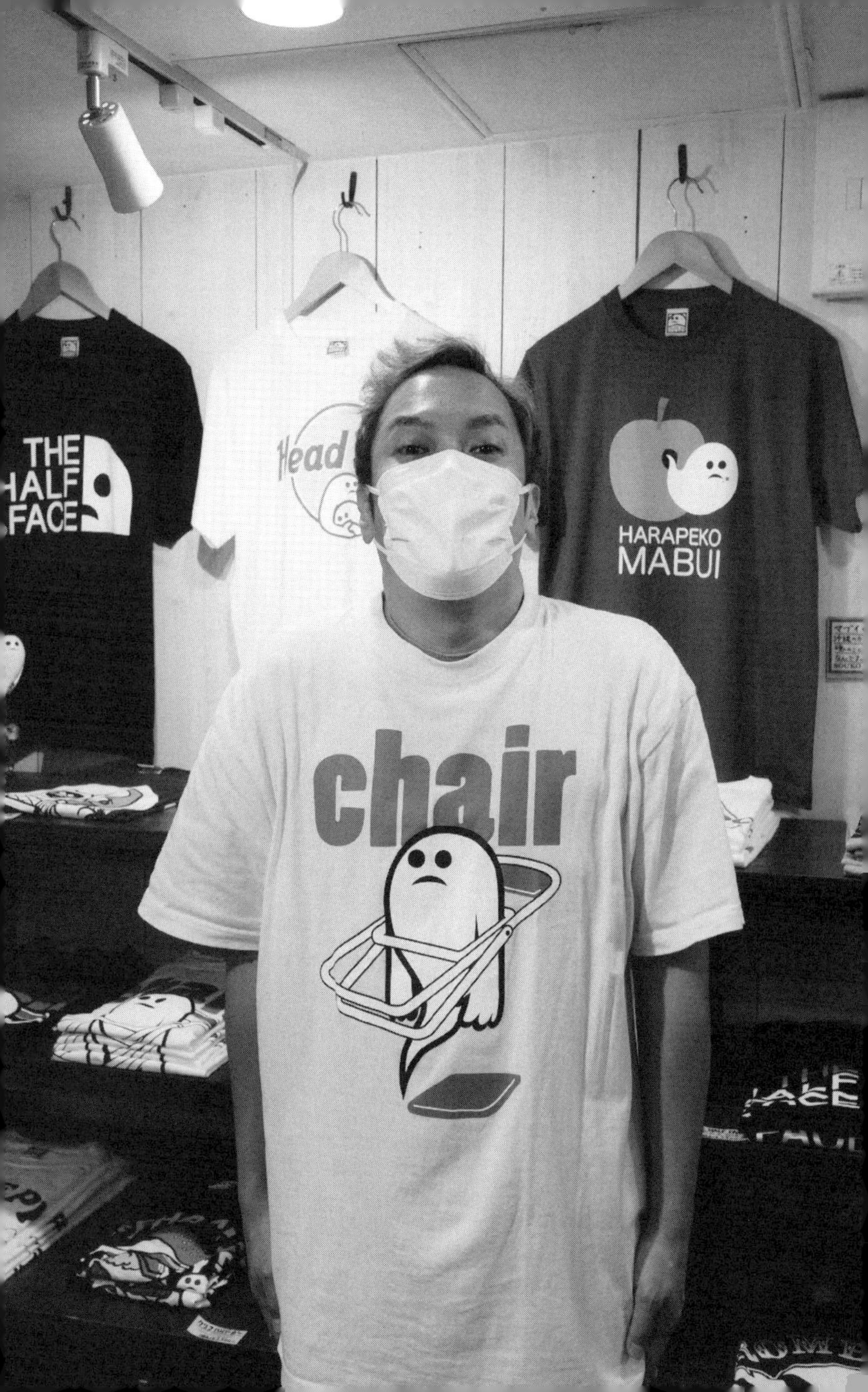
HARAPEKO
MABUI
chair

あり、その縁で県内外の選手たちが「ＳＯＵＫＯ」に遊びにきてくれるようになったのだという。選手たちがＳＮＳで宣伝してくれるおかげで、ここを目指して足を運んでくれるお客さんは増えたが、むつみ橋通り自体は人通りが少ないままだった。

「むつみ橋通りは、平和通りや市場本通りみたいな大通りとは違って、地元のおじいちゃんやおばあちゃんが買い物をするブティックがいっぱいある通りだったんです。でも、少しずつ店が入れ替わって、僕がここで商売を始めてみたら、思ったほど地元の人が歩いてなかったんですよね。斜め向かいには当時ゲーセンがあって、そこには地元の子たちも遊びに来てたと思うんですけど、圧倒的に観光客のほうが多かったです」

金城さんが「ＳＯＵＫＯ」をオープンした２０１１年には、どうにか通りを活性化しようと、通り会は動物のオブジェを設置した。店の看板やアーケードを見上げると、カンムリワシやヒラタクワガタ、ヤシガニ、ヤンバルクイナといった沖縄の生き物のオブジェが設置されていた。「ＳＯＵＫＯ」の看板の上にはマングースがいた。だが、設置から10年以上が経過し、老朽化のためオブジェは撤去され始めている。

この10年で、通りも様変わりした。「ＳＯＵＫＯ」の斜め向かいにあったゲームセンターは、２０１５年の秋には「ダイコクドラッグ」に生まれ変わった。インバウンド客が急増するにつれ、まちぐゎーにはドラッグストアが次々オープンし、海外からの旅行客が爆買いする姿が見受けられた。だが、コロナ禍に突入すると、ドラッグストアの閉店が相次いだ。「SOUKO」の斜め向かいは、今も空き物件のままになっている。通りの入り口近くにある大きな店舗が閉じていると、「この通りには何もないのかも」と、引き返してしまう人が増えてゆく。むつみ橋通りに限らず、ここ数年でせんべろ酒場が激増したことで、まちぐゎー全体が夜の街になりつつある。夕方から夜にだけ営業するお店が増えると、人の流れも変わってしまう。

「平日とかだと、全然人が通らないこともあって、『あれ？　今日はまだ誰ともしゃべってないな』となることもあるんです。このまま昼間に開いているお店がなくなって、昼間の人通りがなくなるのであれば、時代の流れとしてしょうがないのかなと思う部分もあるんですけど、ちょっと心が折れそうになる日もあるんです。とにかく、このあたりが活気のある街になってくれたらいいなと思います。観光客だけじゃなくて、地元の人も買い物にくる場所になってほしいな、と。」

まちぐゎーは地元客が買い物する場所だった。金城さんが小さい頃はまだ、界隈にはおもちゃ屋もあったし、駄菓子屋もあったし、文房具店もあった。つまり、地元の子たちが立ち寄れるお店がたくさんあったのだ。

「開南のあたりに、昔はプラモ屋さんがあったんですよ。ガンダムのプラモとかだと他のおもちゃ屋さんにもありましたけど、そのお店に行くと自分が知らなかったマニアックなプラモが置いてあって。今に比べると、昔は情報量が全然少なかったので、『おもちゃとして見たことはあるけど、これは何に出てくる何てキャラクターなんだろう?』ってのがいっぱいあったんですよね。僕ぐらいの世代って、おもちゃとかフィギュアの収集癖がある人が多い世代な気もするんです。ちょうどキン消しやビックリマンが流行った世代だってこともありますけど、いまだにそういうものを追い求めてるのかもしれないですね」

自分が今、こどもだったらと想像する。

金城さんと比較的年齢が近いこともあり、「SOUKO」の棚に並ぶフィギュアの数々を目にすると、あれはキン肉マンで、あれはヘドラで、あれは快獣ブースカだと判別することができる。もしもそのキャラクターを知らなかったとしても、インターネットで検索すれば、いくらでも情報にアクセスすることができる。でも、自分が知らないキャラクターの名前で検索するきっかけはなかなか訪れないだろう。ただ、何気なく立ち寄ったTシャツ屋で目にしたフィギュアが好奇心を刺激し、新しい扉を開く可能性もある。そうしたささやかなる未知との出合いが、街をぶらつく楽しみになる。

「僕からすると、ただ好きなものを置いてるだけなんですけどね」。金城さんはそう言って笑う。「でも、そこに何か共感してくれる人がいるとしたら、すごく嬉しいなとは思います。意外と外国の方がこういうの好きで、食いついてくれるんですよね」

コロナ禍を経て、店頭販売から通販中心に切り替えるお店も少なからずある。ただ、「ここで存続できるんだったら、それが一番いいので、ここで続けていきたい」と金城さんは語る。
「僕は人見知りなので、しゃべるのが得意ってわけではないんです。でも、ネットで文字だけのやりとりだと、同じ言葉であっても受け取る側のテンションで印象が変わってくるじゃないですか。ＳＮＳでも、うまく伝わらなくて変な感じで終わっちゃうこともあるから、文章でやりとりするのは難しいなと思うんですよね。それに比べると、実際に顔を合わせて、しゃべって売るほうが楽しいんですよ。コロナ禍で閉めっぱなしにしてた時期もあったので、話しかけるのに照れることもあるし、今の時代だと話しかけられたくないお客さんもいるとは思うんですけど、今の形で続けていけたらと思ってます」

旅行客にとって、知らない土地で市場に立ち寄るのは楽しみのひとつとなる。それは、その土地の日常に触れることができるからだ。地元客で賑わう市場に佇んでいると、知らない街の生活を垣間見たような心地になれる。だからこそ、那覇の市場界隈にも「ＳＯＵＫＯ」のような個人商店が増え、ふたたび地元客で賑わう市場になって欲しいと願っている。

100年先まで続く市場を

平田漬物店・玉城文也さん

3年間に及んだ工事を終えて、現場を囲うように張り巡らされていたグレーの防音シートが取り外されて、新しい第一牧志公設市場の外観があらわになった。真新しい建物を眺めていると、2019年6月16日、市場が一時閉場を迎えた日の記憶がよみがえってきた。あの日は盛大にセレモニーが開催され、大勢の人たちが市場を見つめていた。

「正直なところ、あんなにお客さんが集まってくれるとは思ってなかったです」。創業70年を数える老舗「平田漬物店」の3代目・玉城文也さん（33歳）は当時を振り返る。「自分が生まれたときから当たり前にあった場所が建て替えられるということで、寂しいなという思いもあったんです。でも、自分たちとしてはあるのが当たり前になり過ぎてたから、あんなに大きなセレモニーになるとは想像もつかなくて。『こんなにも愛されていた市場だったんだ』って、市場で働いている全員が思ったんじゃないですかね。ちょっと、市場がこれでなくなるぐらいの雰囲気になっていたから、『あくまで建て替え工事をするだけで、市場は続きますよ』とお客さんに説明するようにしてたんですけど、市場ってすごい場所なんだなと改めて感じました」

　一時閉場を迎える数日前から、市場には大勢の買い物客が詰めかけた。それも、しばらく足が遠のいていた地元客が足を運んだおかげで、セレモニーが開催された日には在庫のある漬物はすべて完売となった。ただ、感慨に耽る暇もなく、翌日からは仮設市場への引越し作業に追われることになる。

「大変だったのは、前の市場の片づけですね」と文也さん。「半世紀近い歴史が詰まった場所だから、整理してたらいろんなものが出てきたんです。今は島らっきょうやゴーヤの漬物がメインになってますけど、昔は紅鮭やべったら漬けや沢庵漬けがよく売れていたんです。その時代に紅鮭を入れていたでっかい木箱が出てきて、『久しぶりに見たな』と。昔の懐かしいものには思い入れがあるので、整理するのが難しかったですね。その時代には明太子も売っていたんですけど、明太子や紅鮭は店頭に並べておくんじゃなくて、冷凍庫にしまってあったので、店頭には食品サンプルを置いていたんですよ。その当時の食品サンプルも出てきて、懐かしかったですね」

　慌ただしく引越し作業を済ませると、7月1日からは仮設市場で営業が始まった。わずか100メートルの距離とはいえ、買い物客からは「場所がわかりづらい」と声が上がり、売り上げは伸び悩んだ。また、旧市場はアーケードに囲まれた場所にあったおかげで、雨の日には売り上げが上がっていたけれど、アーケード街から少し外れた場所にある仮設市場では、雨が降ると客足は激減した。そこにコロナ禍までふりかかる。

「いまだにおぼえてるのは、2020年の2月にクルーズ船で感染が拡大したことがありましたけど、あのクルーズ船は沖縄にも寄港してたんです。その船の中で感染者が出て、そこからのお客さんの減り方はすさまじかったですね。今思えばあっという間の3年でしたけど、あの時期はすごく長く感じました。この状況はいつまで続くんだろう、早くお客さんに戻ってほしいと思ってる時間は、すごく長かったような気がします」

コロナ禍で苦境に立たされた時期に、支えとなったのは地元のお客さんたちだ。2020年の春、市場からコロナ感染者が出たと報じられ、閑散とする市場の様子がメディアで報じられると、心配した地元客が足を運んでくれたのだという。

「コロナ禍で観光客が減ったことで、らっきょうは品薄になっているんですよ」と文也さん。「だから、いつもより値段も高くなってるから、『今はらっきょうはおすすめしないですよ』と伝えるようにしてるんですけど、『あんたはこんなして頑張っているから、高くてもいいさ』と買っていってくれるお客さんがいたんです。ばあちゃんや親父が長年やってきた積み重ねがあるから、あんなふうに応援してくれたんだと思います。同級生なんかも、『母ちゃんに持っていくから』と買いにきてくれたりして、まわりに恵まれているな、と。あのときに戻りたいかと言われれば、戻りたくはないんですけど、今となったら思い出になってますね」

売り上げは下がっても、「どうにか毎日飯食うぐらいにはなってましたね」と文也さんは振り返る。どうにか営業を続けていた2022年の春、「那覇市長賞」が発表された。那覇市市制施行100周年を記念し、長年市民に親しまれている商品に「那覇市長賞100周年特別賞」が授与されることになり、「平田漬物店」の島らっきょう塩漬けがこの特別賞を獲得したのだ。

「島らっきょうの漬物というのは、昔は各家庭で作るものだったんです。たとえば海ぶどうも、今では土産物になってますけど、昔は海で採ってきて刺身のツマとして添えるもので、買うものじゃなかったんですよね。それと同じように、島らっきょうの漬物も、昔はお店で買うものじゃなかったんです。ただ、最初にこれを塩漬けにして売り出したのが、うちのばあちゃんだったんですよね。ばあちゃんは『あの時代は冷蔵庫がなかったから、日持ちさせるために塩で漬けただけだよ』って言ってましたけど、昔は100グラム10セントでも売れなかったそうなんです。その時代は紅鮭やべったら漬けがメインで、お店を始めた頃から島らっきょうの塩漬けも並べていたけど、日に1キロも売れなかったと言ってました。でも、それが今や、一番売れるようになって。こうして賞をもらえたことで、島らっきょうの塩漬けを最初に売り始めた人としてばあちゃんが認められたひとつの証になったので、嬉しかったですね」

平田漬物店
TEL 098 867-0950
元祖!!
島ラッキョ
山中 慎介さん
竹原 慎二さん
松田 悟志さん
チラガー
第1弾
海ぶどう
1パック ¥350
3パック ¥1000
もずく
大 ¥500
小 ¥250
もずくのタレ
¥350
¥1200

当初は2021年春にオープンだったはずの新しい第一牧志公設市場だが、地盤がやわらかい上に、建物が密集する地域とあって難航し、工期が1年延びることになった。「時間がかかるだろうなとは思ってましたけど、まさか1年延びるとは思わなかった」と文也さんは語る。ようやく完成の目処が立ち、新市場の小間割りをめぐる抽選会が開かれたのは、2022年夏のことだった。

「抽選会では、2回クジを引くんです。市場の小間には、精肉や鮮魚、生鮮といった部門ごとに小間番というのが振られているんですけど、小間番が若い人から引くとその人が有利になるかもしれないからということで、1回目はまず、クジを引く順番を決めるんです。2回目のクジで1番を引いた人から順番に、好きな小間を選んでいく。僕が引いたクジは、1回目も2回目も、下から数えて2番目だったんです。あのときはもう、正直『終わったな』と思いました。でも、いざ自分の番がまわってくると、市場に入ってすぐの小間が残っていたんです。正直、あそこは一等地だと思うんですよね。国際通りから市場本通りを歩いてくると、市場に入ってすぐの場所になる小間だから、市場の顔となる場所だと思うんです。そこが残されていたのは、『これからは若い世代が頑張りなさい』と後押ししてもらえたってことなんじゃないかと思います」

「平田漬物店」は、牧志公設市場がスタートした1950年から続く老舗だ。3代目として切り盛りする文也さんは市場の中でも一番若い世代にあたるが、市場が建て替え工事に入る少し前から生鮮部門の部長を務めてもいる。

「自分なんかは市場っ子世代と言われて、小さい頃から市場で遊んだり、歩きながら紅生姜を売ったりしてたんです。そうやってお手伝いした延長線上に今があって、『あの子供《ワラバー》が部長になったか』と、声をかけてくれる方がたくさんいるんですよね。ここは何があっても一生働く場所だから、これからはあんたたちの時代だよ、と。新しい市場がどうなっていくのか、まだ見通しが立たないところもありますけど、今は不安より楽しみのほうが強いです。ずっと同じ仕事をしてるから、多少風景が変わったほうがいいんですよ（笑）。学校でいう席替えですね。そのワクワク感が強いです。ずっとやり続けるものだからこそ、そのワクワク感があるのかもしれないです」

第一牧志公設市場の完成を前に、市場中央通りにかけられていた仮設アーケードは撤去された。建て替え工事前は市場を囲むように張り巡らされていたアーケードが取り外された。平成元（１９８９）年生まれの文也さんが物心つく頃には、市場界隈のアーケードは完成していたから、その場所から青空を見るのは生まれて初めてのことだ。

「小さい頃から、『ここは昔、青空市場だった』と聞かされてはいたんです。生まれて初めて、あの場所で青空を見て、『ばあちゃんが見てた景色を自分も見ることができたんだ』と思いましたね。また新しいアーケードが完成したら、二度と見れないかもしれないので、たくさん写真に撮っておこうかなと思います。自分のこどもたちも、一番下はまだ赤ちゃんなんですけど、今のうちに青空市場を見せておきたいな、と」

まちぐゎーの魅力のひとつは、古い建物があちこちにあり、時代を感じさせる街並みが残っていることだ。建物が建て替えられると、「昔のほうが風情があってよかった」という声も寄せられるだろう。ただ、市場らしさは建物ではなく、もっと別なところにあるはずだ。

「市場にはたくさんお店があって、魚屋さんもあればお肉屋さんもありますけど、似たようなものを売っているじゃないですか。数あるお店の中から、そこで買い物をする決め手は何なのか――うちのばあちゃんが言っていたのは、『お客さんは品物を買いにきてるんじゃなくて、あんたを買いにきてんだよ』と。その言葉は重みがありましたね。この人がいるから、ここで買い物をする。それが相対売りってことでもあるし、市場の魅力なんだと思います」

文也さんに話を聞かせてもらったのは、2022年の暮れのこと。その段階ではまだ市場の中には立ち入れず、外観しか見ることができなかった。

「こうして外観だけ見ても、まだここで商売するんだって実感はわかないんですよね」と文也さんは語っていた。中に立ち入って、自分の小間を目にしたときに、初めてイメージが湧くのではないか、と。

市場事業者の立ち入りが許可されたのは、2023年1月6日のことだった。新しい小間を目にしたとき、文也さんの頭に浮かんだのは、「思っていたより入り口に近い」ということだった。「市場を守っていかなくちゃと、責任感がより一層強くなりましたね」と、文也さんは語っていた。

仮設市場は3月4日で営業を終えて、市場事業者は2週間の引越し期間に突入する。100年先まで続く市場になるように。新しい第一牧志公設市場は、3月19日にオープンする予定だ。

小さな街に通い続けた4年間のこと。

あの日の夜を思い出す。あの日の夜というのは、アーケードの撤去が始まった夜のことだ。第一牧志公設市場を囲むように張り巡らされていたアーケードは、市場の解体工事に先駆けて撤去されることが決まっていた。ただ、何日から撤去が始まるのか、特にアナウンスはされていなかった。

アーケードの撤去は、僕にとってとても大きな出来事だった。市場界隈には、アーケードが張り巡らされていて、夏の鋭い陽射しからも、スコールのような雨からも守られている。このアーケードは、県内各地にスーパーマーケットが増え、市場に足を運ぶ買い物客が減るのではないかと危惧した店主たちが、自分たちでお金を出し合って整備したものだ。それが、市場の建て替え工事によって撤去されるのだ。その瞬間を見逃さないようにと、２０２０年の初めから那覇に滞在し、様子を窺っていた。

その瞬間は1月6日に訪れた。市場の北側にある松尾東線はゲストハウス「柏屋」を営む博史さん率いるチームが、市場の西側に位置する松尾19号線は本書に登場する大城さんが受け持つことになったらしく、21時過ぎに作業用の足場が組み立てられ始めた。博史さんは作業の安全を祈願して、足場に泡盛を振り、作業にとりかかった。撤去が始まってからも、アーケードの下を酔客が次々通り過ぎていったけれど、作業に気づいて足をとめる人はほとんどいなかった。まちぐゎーに関わる何名かが撤去の様子を見守っているだけで、その様子を取材する人は見当たらなかった。移り変わる街並みを、誰かが記録しておかなければならない——柄にもなくそんな使命感をおぼえて、取材を続けてきたように思う。

浮き彫りになった分断

市場の建て替え工事を取材した期間は、コロナ禍とほぼ重なっている。

２０２０年４月、政府は緊急事態宣言を発出し、県境をまたぐ移動に対して自粛を要請した。それまでは月に１度は那覇を訪れていたけれど、那覇行きを「自粛」することになった。４月は連載を休み、５月は面識のある「市場の古本屋ウララ」店主・宇田智子さんにリモート取材をさせてもらった。ひとしきり話を聞かせてもらったあと、少し雑談していると、「これからはこういう取材が増えていくんですかね」と宇田さんが言った。もしもリモート取材が当たり前になるんだとしても、私はこの街を歩いたこともない人の取材はあまり受けたくない、と。

僕は沖縄に縁もゆかりもない。そこに部屋を借りているわけでもなく、1500キロ離れた場所に暮らしている。でも、わたしたちは、自分の身のまわりに広がる世界だけでなく、遠く離れた土地に暮らす誰かのことに思いを巡らすことができるはずだ。ひとりの取材者として、こんな時代だからこそ遠くにある街にも足を運ばなければと思うようになった。

コロナ禍は分断を生んだ。

牧志公設市場は〝県民の台所〟と呼ばれた場所であり、かつては県内各地から買い物客が詰めかけた場所である。地域に暮らす人たちだけが行き交う「町」ではなく、いろんな土地から人が集まってくる「街」だった。ただ、県内各地にスーパーマーケットが増えていき、牧志公設市場が観光客で賑わうようになると、「県民のまちぐゎー離れ」も指摘されるようになった。「昔は地元客が利用できるお店がたくさんあったのに、今は観光客向けの場所になっている」という声もあった。この「地元か、観光か」という対立軸は以前から存在していたけれど、コロナ禍によってそれが顕在化したように感じている。

最初の緊急事態宣言が取り下げられたのは、5月25日のことだった。この日、夕方のニュース番組を眺めていると、「来月19日より〝県またぐ移動〟可能に」というテロップが速報として流れた。あくまで「自粛要請」だったはずなのに、メディアは「解禁」と報じた。その「解禁」前後の移り変わりを見届けておきたくて、僕は6月16日に――市場が一時閉場を迎えてちょうど1年を迎える日に――那覇に向かった。まちぐゎーの片隅に佇んでいると、どこかのお店からラジオの音が聴こえてきた。ラジオを聴きながら、店主と常連客が〝ゆんたく〟する話し声も一緒に聞こえてくる。お昼のニュースは、ちょうど「明日から県をまたぐ移動が解禁に」と報じていた。そのニュースに、「明日からはまたナイチャーがやってくるようになるから、表通りは怖くて歩けなくなる」と語る声が聴こえてきて、複雑な気持ちになった。その日僕は、「観光客だと思われないように」と意識しながら過ごしていた。お酒が好きなこともあり、僕は普段からよくオリオンビールのTシャツを着ていたけれど、オリオンビールのTシャツは観光客が身に纏っている印象があって、このときは着るのをどこか避けていた。ただ、自分が県をまたいで移動をしていることは否定しようのない事実だし、「地元か、観光か」という分断をどうにか乗り越えなければならないと、その言葉を耳にした瞬間から思うようになり、またオリオンビールのTシャツを着て過ごすようになった。

コロナ禍と、変わるまちぐゎー

2020年と2021年には緊急事態宣言とまん延防止等充塡措置が繰り返された。それによって、シャッターが閉じたままの光景を見かけることが増えた。臨時休業しているだけのお店もあれば、閉店して空き物件となり、「貸」の札が貼られているところもよく見かけた。取材させてもらった「江島商店」も、コロナ禍となってほどなくして閉店された。市場が一時閉場を迎え、人の流れが変わり始めたのを目の当たりにしたとき、「これから街並みが大きく変化してゆくのではないか？」と思って取材を始めたとはいえ、想像以上のスピードで街は変わりつつある。2020年2月28日には、牧志公設市場衣料部・雑貨部が70年の歴史に幕を下ろした。これで「牧志公設市場」はひとつだけになった。

新しくオープンするお店は酒場が目立つ。千円で数杯のお酒とツマミを楽しめる〝せんべろ〟酒場が、右肩上がりに増えている。また、国際通りの三越跡地には「国際通りのれん街」があり、2022年秋には2階部分を増床して「コザ横丁」もオープンしている。衣料部・雑貨部の跡地が何になるのか、この文を書いている時点ではまだ発表されていないけれど、時代の流れを鑑みると飲食ビルとしてリニューアル・オープンする可能性もある。そうなれば、まちぐゎーは一段と飲食店街へと変貌していくだろう。酒飲みのひとりとして、選択肢が増えるのは喜ばしいことではある。ただ、まちぐゎーはもともと歓楽街ではなく、職住隣接の商店街だ。深夜まで営業を続ける酒場が出始めたことで、騒音問題が深刻化しつつある。

この4年間を振り返ってみると、街に佇む機会がぐっと少なくなったように思う。コロナ禍となったことで、街に設置されていた誰でも座れるベンチが撤去されたり、酒場が臨時休業したりと、腰を下ろせる場所が少なくなった。だから、この4年間はとにかくまちぐゎーを歩き続けるほかなかった。そんな中でも憩いの場であり続けたのがパラソル通りだった。

この通りには、パラソルつきのテーブルと椅子が数台設置されていた。僕もよくそこに腰掛け、資料を読んだり原稿を書いたりした。だが、ある時期から、そこにたむろして酒を飲む人たちを見かけるようになった。飲酒禁止の貼り紙をしても効果はなく、地元からも苦情が相次いだことを受け、那覇市はテーブルと椅子を撤去した。パラソル通りを愛用してきたひとりとして、ショッキングな出来事だった。

都市で過ごす愉しみは、「不要不急」の用事を済ませるためだけではなく、なんとなく商店を眺めてまわったり、どこかに腰掛けて人の流れをぼんやり眺めたり、街の片隅に佇むことにある。パラソル通りに佇んで過ごすことができた時間というのは、とても贅沢なものだったのだなと、テーブルと椅子が撤去された今、改めて感じている。

コロナ禍は「都市」という空間の印象も変えてしまった。人が密集する場所は感染リスクが高く、「密」を避けるようにとアナウンスが繰り返された。人だけではなく、まちぐゎーには小さな商店が密集しており、迷路のように路地が張り巡らされている。なにか災害が発生した場合には、救急車や消防車が立ち入りづらく、リスクが高い地域とも言える。これは全国各地の横丁や小さな商店街が抱える問題だろう。

小さな街に宿る魅力

行政からすれば、密集市街地というのは解消されるべき「問題」なのだろう。ただ、街を行き交うひとりとして、整然と計画された場所よりも、自然発生的に生まれた、入り組んだ街並みに魅力を感じる。

第一牧志公設市場の組合長・粟國智光さんは、以前「市場の建て替え工事というのは、パンドラの箱を開けたようなものなんです」と語っていた。

建て替え工事にともない、アーケードは市場に接している範囲に限って撤去された。市場中央通り第1アーケード協議会は、どうにかアーケードを再整備するべく奮闘している。ただ、まちぐゎーに張り巡らされているアーケードはどこも劣化が進んでいて、補強工事や再整備が必要になってくる。サンライズなは商店街以外は現行法では〝違法建築物〟に判別される状況にあって、市場中央通り第一コーナーのアーケード再整備のゆくえは、まちぐゎー全体が抱えるアーケード問題を左右することになるだろう。

老朽化が進んでいるのはアーケードだけではない。旧・第一牧志公設市場は老朽化のために建て替えられることになったわけだが、周囲にはもっと古い建物がたくさんある。ガーブ川を暗渠にして建てられた水上店舗は、１９６４年に完成したビルだ。また、市場の近くにあるちとせ商店街ビルは、市場とほぼ同時期、１９７３年に建てられたものだとされている。このふたつの他にも、老朽化により建て替え工事が必要な場所はいくつも出てくるだろう。でも、水上店舗ひとつとってみても、地権者と所有者が複雑に入り組んでおり、建て替え工事を進めるにはかなりの時間と労力と費用が必要となってくる。建て替え工事を進めることができず、老朽化が進んでしまえば、そこで商売を続けることは難しくなる。もしも大手資本が名乗りをあげて再開発に乗り出すとすれば、まるで違う街並みに変わってしまう可能性もある。

街が変わってゆくのは仕方がないことだ。これだけ自然災害の多い国にあって、数十年規模で建物が変わっていくのは避けられない。頭ではわかっていることだから、自分にそう言い聞かせている。でも、その変化はなるべくゆるやかであってほしい。それに、ブルドーザーで均されるように生まれ変わるのではなく、過去と地続きの場所であると感じられる場所であってほしい。

では、ある街を「過去と地続きの場所」と感じさせるものは一体どこにあるのだろう。めまぐるしく移り変わるまちぐゎーの風景を見つめながら、そのことを考え続けていた。

建物が真新しく生まれ変わると、「昔のほうが風情があってよかった」と不満を述べる人はいるだろう。ただ、まちぐゎーの魅力は、古びた建物に宿っているわけではないはずだ。まちぐゎーの魅力は、何より人にある。書籍化にあたり、原稿を読み返した今、あらためてそう感じている。

それぞれの人生、それぞれの思い

取材をすると、ただ通り過ぎていただけでは見えてこなかった誰かの人生が、そこに込められた思いが見えてくる。

僕は沖縄生まれでもなければ、沖縄に暮らしているわけでもない。だから、取材を通じて聞かせてもらった人生のことを、わかったような顔をして書くのは失礼だと思ってなるべく客観的な記述を心がけてきた。その例外が、「小禄青果店」で小禄悦子さんに話を聞かせてもらったときだ。そのときもまた、過剰にドラマチックな書き方をするのではなく、なるべく客観的に文章をまとめて、悦子さんに原稿チェックをお願いした。数日経って戻してもらった原稿には、「夫婦で働いてきた」という文字のそばに、「必死に」「死に物狂いで」という言葉が書き込まれていた。その文字を目にしたときに、この文字を原稿に反映しなければという思いに駆られた。

言葉に触れたあとでは、景色もどこか違って見えてくる。

朝早くからまちぐゎーを散歩していると、いち早く開店作業に取りかかっているお店が何軒かある。そのうちの一軒を通りかかり、「今日も早いですね」と挨拶をすると、「あんたも早いさ」と店主は笑った。その店主は、市場界隈で商いを始めて半世紀以上になるけれど、今も早くからお店を開けている。その姿に触れるたびに、かつて彼女が聞かせてくれた言葉を思い出す。

「うちはね、22歳のときに畳1枚の広さで商売を始めたけど、『人よりか30分早く商売を始めないと、やっていけないよ』というのが親の教えだったわけ。だから今でも朝4時に起きて、早い時間から店を開けるようにしているの。自分が商売を始めた頃はね、市場にも戦争未亡人の方たちがたくさんいたよ。女手ひとつでこどもを養ってるから、それだけ強いさ。あの人たちに囲まれて商売をしていたから、うちは今でも頑固なところがある。こどもたちからも、『お母さんは頑固過ぎる』ってよく言われるわけよ」

店主の言葉の向こうに、昔の市場の姿が浮かび上がってくる。市場界隈には何十年と続く老舗が数えきれないほどあり、話を聞かせてもらうと、この土地に流れてきた時間に触れたような心地がする。

ところで、この店主に話を聞かせてもらったのは、近所にあるせんべろ酒場だった。店主は12時間以上働いたあと、仕事帰りにせんべろ酒場で飲むのが今の楽しみだといって、僕も一緒に飲みに行くことになったのだ。1杯目のビールを飲みながら、「昔はね、こんなふうにビールを飲むなんて、考えられんかったよ」と店主は語っていた。「昔は頑固過ぎるぐらいだったけど、こうして帰り際にお酒を飲むようになってからは柔らかくなって、自分の頭を切り替えるようになった」のだと。

戦後間もない頃、市場界隈にはアイディアを凝らして新しく商売を始めた人たちが大勢いた。それから70年以上の歳月が流れた今も、老舗として営業を続けるお店もある。その一方で、また新しいアイディアを凝らし、新しい商売を始めようとする人もいる。２０２３年１月、最後の取材に那覇に足を運んでみると、市場本通りに射的屋がオープンしていてびっくりした。

市場界隈で働く人たちは、年齢も出身地もさまざまだ。創業数十年の老舗もあれば、オープン間もないお店もある。那覇に生まれ育った人もいれば、県外出身の人もいて、海外出身の人もいる。それぞれ異なる人生を過ごしてきて、それぞれ異なる思いを抱えて、お店を切り盛りしている。

まちぐゎーの「ぐゎー」とは、「小さい」を意味するうちなーぐちであり、こぢんまりした商店がひしめき合っている。こぢんまりした店は、顔が見える場所だ。店自体にも、そこで働く人の佇まいが反映されている。それが何よりの魅力だと思う。どんなに建物が新しく生まれ変わったとしても、ここがまちぐゎーである限り、その魅力が失われることはないはずだ。

２０２３年１月22日　旧正月の日に

公設市場周辺MAP

壺屋
やむちん通り
大城商店
仲里食肉
若松薬品
浮島通り
下地力商店
琉宮
サンライズ店
セブン - イレブン
新天地浮島店
丸安そば
タコライスの店
赤とんぼ
上原
パーラー
ブーランジェリー
プレタポルテ
KAREEM
WORKS
OKINAWA
VIINTAGE
開南せせらぎ通り
N

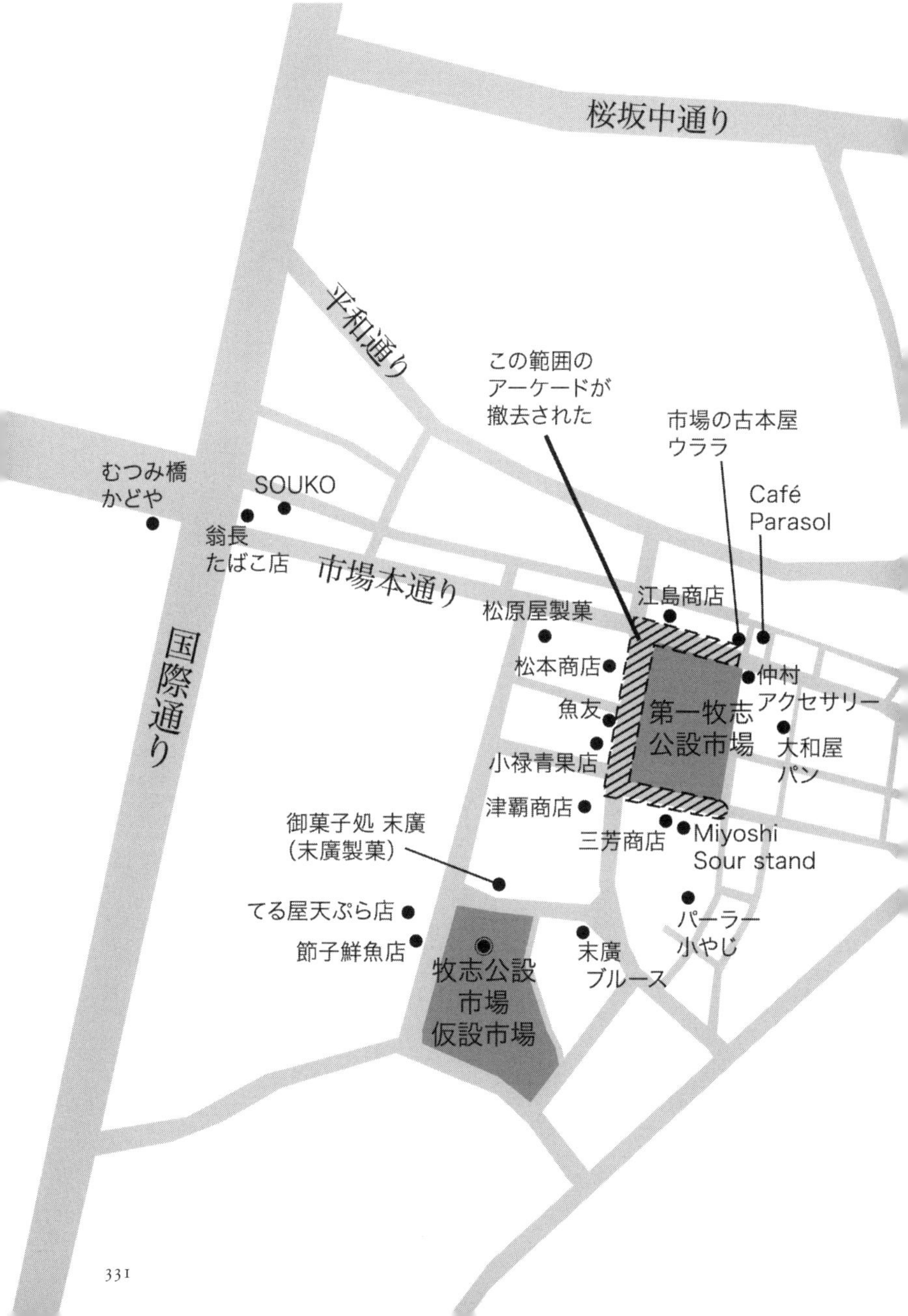
桜坂中通り
平和通り
この範囲の
アーケードが
撤去された
市場の古本屋
ウララ
むつみ橋
かどや
SOUKO
Café
Parasol
翁長
たばこ店
市場本通り
江島商店
松原屋製菓
国際通り
松本商店
仲村
アクセサリー
魚友
第一牧志
公設市場
大和屋
パン
小禄青果店
津覇商店
御菓子処 末廣
(末廣製菓)
三芳商店
Miyoshi
Sour stand
てる屋天ぷら店
パーラー
小やじ
節子鮮魚店
末廣
ブルース
牧志公設
市場
仮設市場

あとがき

まえがきでも触れたように、本書の大部分は琉球新報での連載がもとになっている。

連載を始めるきっかけとなったのは、２０１９年６月27日に琉球新報社で前著『市場界隈』刊行記念トークイベントを開催したことだ。このイベントは、琉球新報社の波平雄太さんや、記者として僕に著者インタビューをしてくれた田吹遥子さんが協力してくれて、開催にこぎつけたものだ。

芸人の又吉直樹さんをゲストに迎え、「変わりゆく風景の中で」というタイトルで90分ほどトークをした最後に、「今後も市場の取材を続けられる場所があれば」と僕は発言した。その言葉を受けて、琉球新報の文化面で月イチ連載を始めることになった。その時々のまちぐゎーの様子を眺めて取材先を決めるので、いつもギリギリの進行になってしまったけれど、担当の古堅一樹さんは毎回辛抱強く原稿を待ってくれた。

３年半続けた連載を書籍化するならと、前著を出版してくれた本の雑誌社に話をもちかけた。

『市場界隈』を担当してくださった編集者の高野夏奈さんは退社されてしまっていたが、入れ替わりで入社したのが前田和彦さんだった。前田さんとは15年来の付き合いがあり、まだ一冊の著書もなかった頃に、僕の本を出版できないかと会社に掛け合ってくれた同世代の編集者だ。今回、ようやく一緒に本を作ることができて、嬉しく思っている。

この本が出版されたあとも、市場の日々は続いていく。これからも沖縄に足を運び、移り変わる街を見続けたい。

本書は琉球新報で２０１９年９月から２０２２年３月に連載された「まちぐゎーひと巡り」、および２０２２年４月から２０２３年１月に著者が発行したフリーペーパー『まちぐゎーのひとびと』に書き下ろしを加え再編集したものです。

橋本倫史（はしもと　ともふみ）
1982年、広島県東広島市生まれ。ライター。著書に『ドライブイン探訪』（筑摩書房）、『市場界隈 那覇市第一牧志公設市場界隈の人々』『東京の古本屋』（ともに本の雑誌社）、『水納島再訪』（講談社）がある。

そして市場は続く
那覇の小さな街をたずねて

二〇二三年三月十九日　初版第一刷発行

著　者　橋本倫史
発行人　浜本　茂
印　刷　モリモト印刷株式会社
発行所　株式会社本の雑誌社
〒101-0051
東京都千代田区神田神保町1-37友田三和ビル
電話　03（3295）1071
振替　00150-3-50378

定価はカバーに表示してあります
ISBN978-4-86011-476-3　C0095